Gütersloher Taschenbücher / Siebenstern 777

W0411838

Darstellungen von Sekten und Weltreligionen in GTB Siebenstern

GTB 134 *Emanuel Kellerhals:* Der Islam. Seine Geschichte, seine Lehre, sein Wesen, 3. Auflage.

GTB 233 Was glauben die andern? 27 Selbstdarstellungen. Im Auftrage des Bildungswerkes der Arbeitsgemeinschaften der Kirchen und Religionsgesellschaften e. V. herausgegeben von *Kurt Eberhardt*, 2. Auflage.

GTB 333 *Rüdiger Hauth:* Die nach der Seele greifen. Psychokult und Jugendsekten, 2. Auflage.

GTB 775 *Georg Schmid:* Wo das Schweigen beginnt. Wege indischer und christlicher Meditation.

GTB 776 *Udo Tworuschka:* Die vielen Namen Gottes. Weltreligionen heute.

GTB 1034 *Rüdiger Hauth:* Jugendsekten und Psychogruppen von A bis Z, 2. Auflage.

GTB 1063 Was jeder vom Judentum wissen muß. Im Auftrag des Arbeitskreises »Kirche und Judentum« der Vereinigten Evangelisch-Lutherischen Kirche Deutschlands und des Nationalkomitees des Lutherischen Weltbundes herausgegeben von *Arnulf H. Baumann*, 2. Auflage.

GTB 1069 Was erwartet uns nach dem Tod? 24 Darstellungen von Religionen und Konfessionen. Im Auftrag des Bildungswerkes der Arbeitsgemeinschaft der Kirchen und Religionsgemeinschaften e.V. herausgegeben von *Siegfried Raguse.*

GTB 1070 *Michael Krupp:* Zionismus und Staat Israel. Ein geschichtlicher Abriß. Mit einem Geleitwort von Helmut Gollwitzer. Ein NES AMMIM Buch.

GTB 1079 *Monika Tworuschka:* Allah ist groß. Religion, Politik und Gesellschaft im Islam.

Rüdiger Hauth

Tempelkult und Totentaufe

Die geheimen Rituale der Mormonen

Gütersloher Verlagshaus
Gerd Mohn

Originalausgabe

CIP-Kurztitelaufnahme der Deutschen Bibliothek

Hauth, Rüdiger:
Tempelkult und Totentaufe: d. geheimen Rituale d. Mormonen / Rüdiger Hauth. – Orig. Ausg. –
Gütersloh: Gütersloher Verlagshaus Mohn, 1985.
(Gütersloher Taschenbücher Siebenstern; 777)
ISBN 3-579-00777-7

NE: GT

ISBN 3-579 00777-7

© Gütersloher Verlagshaus Gerd Mohn, Gütersloh 1985
Umschlagentwurf: Dieter Rehder, Aachen, unter Verwendung einer Zeichnung von Dean Rogers
Gesamtherstellung: Clausen & Bosse, Leck
Printed in Germany

Inhalt

Vorwort

Was jetzt noch verborgen ist,
muß ans Licht kommen;
und was noch niemand weiß,
muß enthüllt werden.
Matthäus 10,26

Wir leben in einer Zeit, die weltweit von einem überreichen religiösen Angebot geprägt ist. Auch in Deutschland gleicht die diesbezügliche Szene (außerhalb der beiden großen Volkskirchen) einem bunten Flickenteppich, zusammengestückelt aus zahllosen Sekten, Gemeinschaften, Bewegungen, Wohnzimmerkirchen, Ideologien und Weltanschauungen. Sie alle haben sich vorgenommen, den in religiöser Hinsicht oft verunsicherten Mitmenschen ein jeweils exklusives Angebot zu machen, wie man denn nun den Sinn des Lebens erfahren, sich selbst verwirklichen, seine Probleme lösen oder ganz allgemein das ‹Heil‹ erlangen könne.
Nur wenige dieser Sekten und Gruppen legen jedoch bereitwillig und von vornherein ihr Programm zur kritischen Prüfung vor; bei den meisten läßt sich vielmehr ein starkes Gefälle zwischen ›Drinnen‹ und ›Draußen‹ beobachten. Das heißt, daß die so charakterisierten Gemeinschaften nach außen ein anderes Gesicht zeigen, als es von innen her wirklich aussieht, oder anders ausgedrückt: Es werden bei der Werbung in der Öffentlichkeit Aspekte aus dem inneren Bereich bewußt verschwiegen und verschleiert, oft auch irreführend und mißverständlich dargestellt, um mögliche Interessenten nicht gleich zu verschrecken oder gar abzustoßen.

Auf diesem Hintergrund ist auch der Mormonismus, die Religion der Mormonen zu sehen, die sich als ein recht schillerndes, merkwürdiges und geheimnisvolles Gebilde entpuppt, sobald man die internen Strukturen und Praktiken kennenlernt, zu denen vor allem die geheimgehaltenen Tempelrituale gehören. (Die Rede ist in diesem Zusammenhang von den Utah-Mormonen, nicht von der kleineren Gruppe der Reorganisierten Mormonen, die keinen Tempelkult betreiben. Anzumerken wäre noch, daß es in Deutschland demnächst zwei Tempel geben wird: In Freiberg/Sachsen [DDR] fand im November 1983 das Richtfest für den dortigen Tempel statt, der Mitte 1985 eingeweiht werden soll. Im Sommer 1984 wurde mit den Bauarbeiten des Tempels in Friedrichsdorf im Taunus begonnen, mit dessen Fertigstellung im Sommer 1986 gerechnet wird.)

Denjenigen, die sich mit dem Kern des mormonischen Religionssystems näher beschäftigen wollen oder auch konkrete Unterlagen für die theologische Auseinandersetzung mit dessen Missionaren benötigen, wird hier der Wortlaut der Tempelrituale als Quellenmaterial erstmalig zur Verfügung gestellt. Die Dokumentation, als Mittelteil, wird umrahmt von einer allgemeinen Einführung in den Mormonismus sowie von Erläuterungen und kritischen Anmerkungen zu den Ritualen selbst. Dieser letzte Teil ist als Diskussionsbeitrag aus christlicher Sicht gedacht.

An dieser Stelle sei nun besonders den ehemaligen Tempelarbeitern (Amtierende beim Ritual) der Tempel in Salt Lake City und in Los Angeles gedankt, die die vorliegenden Dokumente (in ihrer Urform als Tonbandkassetten) in englischer Sprache zugänglich gemacht und in Gesprächen ausführlich erläutert haben. Die Übersetzung ins Deutsche wurde vom Autor vorgenommen.

Rüdiger Hauth

Erster Teil
Der Mormonismus

Mormonen-Missionare unterwegs

Trotz seiner fast 2000jährigen christlichen Geschichte ist Europa heute von zahlreichen östlichen Religionen und westlichen Sekten erneut zum Missionsfeld erklärt worden. In den Fußgängerzonen unserer Städte begegnen uns häufig Vertreter der verschiedenen religiösen und pseudoreligiösen Bewegungen. An unsere Wohnungstüren kommen vor allem Zeugen Jehovas und Missionare der »Kirche Jesu Christi der Heiligen der Letzten Tage«, die Mormonen. Von den traditionellen außerkirchlichen Gemeinschaften zeichnen sich diese beiden in besonderem Maße durch eine aktiv-missionarische Haltung aus.
Fast alle Mormonen-Missionare sind junge Amerikaner, die für einen zweijährigen Missionseinsatz aus den Vereinigten Staaten zu uns gekommen sind. Ihr freundliches Lächeln und ihre Höflichkeit öffnen ihnen so manche Tür.
Warum kommen diese jungen Männer in unsere Häuser? Als Antwort auf diesbezügliche Fragen verweisen sie auf die »göttlichen Offenbarungen«, die der Gründer des Mormonentums, Joseph Smith, um 1830 und in den Jahren danach empfangen haben will und die in seinem Buch ›Lehre und Bündnisse‹ gesammelt sind. Dort läßt er zum Beispiel »Gott« folgendermaßen zu Wort kommen: »Wahrlich ich sage euch: Ich gebe euch dieses erste Gebot, in meinem Namen auszugehen, jeder von euch … Ihr sollt zu zweien in der Kraft meines Geistes ausgehen, in meinem Namen das Evangelium predigen …« – »Das Feld ist schon weiß zur Ernte … Wer Glauben hat, den sollt ihr durch das Auflegen der Hände als Mitglied meiner Kirche bestätigen.«[1]
Von klein auf wird jeder Mormone in dem Glauben bestärkt, Mitglied der »einzig wahren Kirche auf Erden« zu sein und das

»einzig wahre Evangelium« zu besitzen, nämlich das Wissen: »Gott« hat durch seinen Propheten Joseph Smith seine Kirche im vorigen Jahrhundert mit allen bis dahin verloren gewesenen Attributen wiederhergestellt.
Die Wichtigkeit dieser Überzeugung für die Mission betonte ein hoher Mormonenführer während einer Ansprache in Salt Lake City, der Hauptstadt des Mormonentums: »Dieses umfassende Missionswerk wird fortgesetzt, weil jene Leute, die als Missionare dienen, und jene, die sie finanziell unterstützen, ein starkes Zeugnis im Herzen tragen, daß sie zur wahren Kirche des Herrn gehören, die 1830 auf Erden wiederhergestellt worden ist. Sie sind überzeugt davon, daß die Kirche Jesu Christi der Heiligen der Letzten Tage die einzige Kirche auf der Welt ist, die das heilige Priestertum Gottes, seine wahren Lehren und Verordnungen und die Macht hat, den Menschen in die celestiale Herrlichkeit zu bringen, damit er bei seinem Schöpfer wohnen kann. Und deshalb gehen sie auf Mission, damit andere Menschen das Evangelium empfangen und mit ihnen die gleiche Freude und dieselben Segnungen teilen können, die sie haben.«[2]
So stehen sie denn an unseren Türen, die oft kaum 20jährigen Amerikaner, um ihr »Zeugnis zu geben« von der »einzig wahren Kirche«. Wer sich auf ein Gespräch mit ihnen einläßt, erfährt zunächst nichts über mormonische Besonderheiten wie Tempelkult und Totentaufe, Fortschrittsideologie und Götterlehre. Erst bei weiteren Besuchen, falls diese zustande kommen, werden darüber Andeutungen gemacht.

Eine seltsame Geschichte

Oft beginnt ihr »Zeugnis« mit einem Bericht über »eine der wichtigsten und folgenschwersten Begebenheiten der Weltgeschichte«: »Gott, der Ewige Vater, und sein Sohn Jesus Christus erschienen Joseph Smith und gaben ihm Belehrungen und Anweisungen über die Aufrichtung des Reiches Gottes auf Erden in diesen letzten Tagen.«[3]

Dann wird demZuhörer eine wundersame Geschichte erzählt, die weitgehend märchenhafte Züge trägt und deshalb nicht mit den Maßstäben normaler Geschichtsschreibung zu messen ist. Es geht um Joseph Smith, den Begründer und ersten Propheten des Mormonentums, der als viertes Kind des Ehepaares Joseph und Lucy Smith am 23. Dezember 1805 in Sharon im amerikanischen Bundesstaat Vermont geboren wurde.

Da der Vater keinen festen Beruf hatte, wechselte die Familie häufig ihren Wohnort. 1815 zog sie nach Palmyra im Bundesstaat New York, und bald danach begann der junge Joseph von Visionen und Träumen zu erzählen und nach angeblich in der Erde verborgenen Schätzen zu suchen. Dabei benutzte er einen Kristall, was ihm den Spitznamen »Peepstone Joe« (Guckstein-Joe) einbrachte[4].

Seine Kindheit verlebte Joseph Smith in einer Zeit, als erweckliche Aufbrüche unter Presbyterianern, Methodisten und Baptisten ganze Städte und Grafschaften der Neuengland-Staaten in Bewegung versetzt haben sollen.

Davon sei auch die Familie Smith nicht unberührt geblieben, deren religiöses Suchen und Fragen die Mormonen so schildern: »Die Geistlichen der verschiedenen Glaubensgemeinschaften veranstalteten Erweckungsversammlungen und luden alle ein, sich den einzelnen Sekten anzuschließen. Die Mitglieder der Familie Smith sehnten sich danach, die wahre Kirche Gottes zu finden ... Einige Familienmitglieder bevorzugten den einen Glauben und einige einen anderen. Joseph war besonders stark beunruhigt und verwirrt. Wie konnte denn ein vierzehnjähriger Knabe erfahren, welcher Kirche er sich anschließen sollte?«[5]

Und Joseph Smith selbst erinnerte sich später: »Inmitten dieses Wortkrieges und Getümmels der Meinungen sagte ich oft zu mir selbst: Was soll ich tun? Welche von all diesen Gemeinschaften hat Recht? Oder sind sie alle im Irrtum? Und wie kann ich es herausfinden?«[6]

Nachdem er eines Tages auf den Bibelvers Jakobus 1,5 gestoßen sei, habe Joseph beschlossen, in einem kleinen Wald zu Gott zu beten und ihn nach der richtigen Entscheidung zu fragen. Dort angekommen, sei er plötzlich von einer dunklen Macht ergriffen worden, so daß er nicht sprechen konnte: »... gerade in diesem Augenblick großer Angst sah ich unmittelbar über meinem Haupt eine Lichtsäule – heller als der Glanz der Sonne – allmählich auf mich herabkommen, bis sie auf mir ruhte. Sobald sie erschien, fand ich mich befreit von dem Feind, der mich gebunden gehalten hatte. Als das Licht auf mir ruhte, sah ich zwei Gestalten, deren Glanz und Herrlichkeit nicht zu beschreiben sind, über mir in der Luft stehen. Eine von ihnen sprach zu mir, mich beim Namen nennend, und sagte, auf die andere deutend: ›Dies ist mein geliebter Sohn, höre ihn!‹ Ich war hergekommen, weil ich wissen wollte, welche von all den Sekten die richtige sei ... Mir wurde geantwortet, ich solle mich keiner anschließen, denn sie seien alle im Irrtum. Der zu mir Sprechende sagte, alle ihre Glaubensbekenntnisse seien ein Greuel in seinen Augen und all ihre Lehren seien verderbt. Nochmals verbot er mir, mich einer von ihnen anzuschließen ... Als ich wieder zu mir kam, fand ich mich auf dem Rücken liegend und zum Himmel schauend ...«[7]

Der hier vorliegende ›offizielle‹ Bericht von Joseph Smiths »Erster Vision« wurde allerdings erst 1842 in der Mormonen-Zeitschrift »Times and Seasons« (Vol. 3, S. 728 und 748) veröffentlicht und ist in dieser Form als »Heilige Schrift« in das Buch »Die Köstliche Perle« eingegangen. In den 60er Jahren dieses Jahrhunderts wurde jedoch in den Mormonen-Archiven ein Dokument aus dem Jahre 1833 gefunden, das eine frühe, bis dahin unveröffentlichte Darstellung der »Ersten Vision« in Joseph Smiths Handschrift enthält. Diese unterscheidet sich wesentlich von der ›offiziellen‹, denn in ihr ist keine Rede von Glaubensgemeinschaften, deren Bekenntnisse vor Gott »ein Greuel« seien, sondern nur von Menschen, die in Sünde leben und die Gebote Gottes nicht halten. Der Hauptunterschied liegt jedoch darin, daß in dem Bericht von 1833 nur von Jesus Christus die Rede ist, der dem Religionsgründer erschienen sei; von einer Erscheinung »Gottes, des Vaters« wird nichts gesagt[8]. Solche Handhabungen werden von der kritischen Forschung normalerweise als »Manipulation« und »Fälschung« bezeichnet.

Goldene Platten und eine Wunderbrille

Dreieinhalb Jahre nach der angeblichen Erscheinung der beiden göttlichen Personen soll sich wiederum ein Vertreter der himmlischen Welt gemeldet haben. Der »Leitfaden zur Belehrung von Familien«, den viele Mormonen-Missionare bei ihrer Werbetätigkeit von Haus zu Haus benutzen, bringt die Geschichte in folgender Fassung:

»Eines Nachts (21. September 1823) betete Joseph Smith sehr aufrichtig in seinem Zimmer. Zu seinem großen Erstaunen wurde das Zimmer von Licht erfüllt, bis es ›heller als am Mittag‹ war. Plötzlich erschien ein Engel an seinem Bett. Er sagte ihm, er heiße Moroni und sei ein Prophet, der vor vierzehnhundert Jahren in Amerika gelebt habe. Moroni sagte, nicht weit von Joseph Smiths Haus sei in einem Hügel ein Bericht verborgen, der auf goldene Platten geschrieben sei. Er erklärte, dieser Bericht sei von Propheten geschrieben worden, die vor langer Zeit in Amerika gelebt hätten. Er enthalte Aufzeichnungen über die Geschichte des Volkes, unter dem die Propheten gelebt hatten, und über die Offenbarungen, die sie vom Herrn erhalten hatten.«[9]

Vier Jahre nach Moronis erstem Erscheinen erhielt Joseph Smith endlich die Erlaubnis, den in »reformiertem Altägyptisch« abgefaßten Bericht aus dem »Hügel Cumorah« zu holen. Der Text soll auf dünnen, 18 cm breiten und 20 cm langen Platten eingraviert gewesen sein, die aufeinandergelegt ein etwa 15 cm dickes »Ringbuch« gebildet haben sollen.

Nicht nur die Art und Weise, wie Joseph Smith von den angeblichen Goldplatten Kenntnis erhielt, ist höchst wunderlich, sondern auch der Vorgang der Übersetzung. Da er aus einfachsten Verhältnissen stammte und der Umgang mit »reformierten altägyptischen Schriftzeichen« nicht zu seinem Tagewerk gehörte, mußte er sich dabei einer aus zwei Kristallen be-

stehenden Wunderbrille bedienen; diese fand er praktischerweise gleich zusammen mit den goldenen Platten in der Steinkiste vor.
Bei der Übersetzung soll er sich einen Hut mit der Wunderbrille darin vor sein Gesicht gezogen haben, um es gegen das Tageslicht abzuschirmen. In dem Hut strahlte sodann ein geheimnisvolles Licht auf, in dem nacheinander die Zeichen der Platten mit der jeweiligen englischen Bedeutung erschienen. Joseph Smith diktierte dem Lehrer Oliver Cowdery den englischen Text, und »so wurde das Buch Mormon durch die Gabe und die Kraft Gottes übersetzt und nicht durch irgendeine Kraft des Menschen«, wie David Whitmer, ein ›Zeuge‹ für das Buch Mormon, behauptete[10]. Die Platten mußten später an den Engel Moroni zurückgegeben werden, nachdem sie zwischenzeitlich von elf weiteren ›Zeugen‹ aus dem engeren Freundeskreis und der Familie Joseph Smiths gesehen und als »echt« anerkannt worden waren.

Die Entstehung des Buches Mormon

Seit 1937 wird in jedem Sommer am Fuße des Hügels Cumorah ein Schauspiel mit dem Titel »Amerikas Zeuge für Christus« aufgeführt; es möchte dem Zuschauer etwas von der Entstehung und dem Inhalt des Buches Mormon künstlerisch nahebringen. In dem Freilicht-Stück geht es um eine Familie, die in Jerusalem lebte und diese Stadt um 600 v. Chr. verlassen hat. Das Familienoberhaupt Lehi war ein gottesfürchtiger Mann, dem rechtzeitig mitgeteilt worden war, daß Jerusalem bald zerstört werden sollte. Es wurde ein Schiff gebaut, und dann segelte die Familie in Richtung Osten davon. Nach langer Seereise und vielen Strapazen erreichte sie die amerikanische Westküste. Die Nachfahren Lehis bildeten in der neuen Heimat Amerika zwei Stämme: die Nephiten und die Lamaniten. Nephi und Laman waren Söhne des Lehi.
Die Nephiten fielen manchmal vom Glauben ab, kehrten aber immer wieder zu einem gottesfürchtigen Leben zurück. Unter

den Lamaniten gab es auch ein paar gute Menschen, die meisten aber waren von brutaler Gesinnung und ungläubig. Als Strafe dafür bekamen sie eine dunkle Hautfarbe, was heute noch an ihren Nachfahren, den Indianern, zu sehen ist. Die Nephiten entwickelten sich zu einem wohlhabenden Volk. Als kulturelles Erbe bewahrten sie die schriftlichen Aufzeichnungen über die Geschichte Israels und die Prophezeiungen des Alten Bundes auf, die damals bei der Fahrt über das Meer mitgenommen worden waren. Im Laufe der Zeit wurden diese Berichte ergänzt durch eigene Weissagungen und Chroniken über die verschiedenen Ereignisse auf dem amerikanischen Kontinent.

Obwohl die Verbindungen zur alten Heimat Israel längst nicht mehr bestanden, war unter den Bewohnern Amerikas die Hoffnung auf einen Messias doch genauso lebendig geblieben wie unter den Juden in Israel. So fanden sie es auch gar nicht überraschend, als Jesus Christus nach seiner Auferstehung bei ihnen in Amerika erschien.

Er verkündete nun den Nephiten das gleiche Evangelium wie den Menschen in Palästina. Dann gründete er seine Kirche und beauftragte Männer mit der Führung, die die gleichen Vollmachten hatten wie seine Jünger in Jerusalem. Am Anfang waren die Nephiten noch voller Begeisterung über das Evangelium, dann aber wurden sie immer gleichgültiger, je mehr ihr materieller Wohlstand wuchs. Propheten mußten ihre Stimme erheben, um das Volk zurechtzuweisen. Zu ihnen gehörte auch der Prophet Mormon, der einen Bericht über das Volk und seine Geschichte auf goldene Platten schreiben ließ, die er anschließend seinem Sohn Moroni übergab. Das geschah kurz bevor alle Nephiten von den bösen Lamaniten in einer Schlacht ausgerottet wurden. Diese Platten, die Moroni im Jahre 421 n. Chr. auf dem Hügel Cumorah eingrub, holte Joseph Smith 1823 wieder hervor. Soweit der Inhalt des Schauspiels.

In der kritischen Literatur über den Mormonismus finden sich allerdings ganz andere Darstellungen darüber, wie das Buch Mormon entstanden sei. Fawn Brodie, eine mit der Materie bestens vertraute Exmormonin, hält dieses Buch für ein typisches Produkt des 19. Jahrhunderts und Joseph Smith für den alleinigen Verfasser.

Mit dem Buch Mormon sollte, ihrer Meinung nach, die viele damalige Zeitgenossen bewegende Frage nach der Herkunft der amerikanischen Indianer ausführlich beantwortet werden. Das von Ethan Smith 1823 veröffentlichte Werk mit dem Titel »View of the Hebrews – Or the Ten Tribes of Israel in America« sei neben der englischen Bibel (King James Version) für Joseph Smith wohl die wichtigste Quelle gewesen. Die Ähnlichkeiten zwischen beiden Büchern sind denn auch sehr erstaunlich: Beide sprechen von alten ägyptischen Inschriften und von in der Erde versteckten Dokumenten; von der Sammlung Israels in den ›Letzten Tagen‹ und vom Entstehen einer großen Nation in Amerika, die Israel erretten würde; von einer alten amerikanischen Zivilisation auf dem amerikanischen Kontinent und vom Auftreten eines weißen Gottes in Amerika; beide zitieren ausführlich aus biblischen Schriften usw. Zusammenfassend nennt Fawn Brodie das Buch Mormon eine »obskure Mischung aus Folklore, moralischen Plattheiten, Mystizismus und Millennialismus«[11].

Einer anderen Theorie zufolge soll auch das (verlorene) Manuskript eines ehemaligen Pfarrers der Presbyterianer namens Salomon Spaulding eine Rolle gespielt haben. Zwischen 1809 und 1816 verfaßte Spaulding einen Abenteuerroman, in dem es um einige Römer ging, die vor der christlichen Zeit nach Großbritannien segeln wollten, durch widrige Stürme aber nach Amerika abgetrieben wurden. Dieses Manuskript befindet sich heute im Oberlin College (Ohio) und hat keinen direkten Bezug zum Buch Mormon. Bei einer zweiten Fassung des Romans soll Spaulding jedoch die Idee gehabt haben, die Herkunft der amerikanischen Indianer vom Volke Israel herzuleiten. Er habe einen altertümlichen Stil verwendet und Namen erfunden, wie sie auch im Buch Mormon vorkommen. Diese zweite Romanfassung sei einem Verlag in Pittsburgh übergeben und später von Sidney Rigdon, dem Freund eines Verlagsangestellten, gestohlen worden. Als sich Joseph Smith und Sidney Rigdon kennenlernten, hätten Smith, Rigdon und Cowdery das Manuskript überarbeitet, das am Ende als Buch Mormon vorlag.

Die überbotene Bibel

Welche Merkwürdigkeiten und Umstände auch immer zur Existenz dieses umstrittenen Buches beigetragen haben mögen, heute wird es von mehr als fünf Millionen Menschen in aller Welt als »Wort Gottes« angesehen und ist Grundlage ihres Glaubens und ihrer Lebensgestaltung. Die Missionare an der Haustür haben zwar auch die Bibel in ihrer Aktentasche und benutzen sie als Einstieg zum Gespräch. Im persönlichen Frömmigkeitsvollzug hat jedoch das Buch Mormon eine größere Bedeutung für sie.

Die Bibel kommt bei den »Heiligen der Letzten Tage« nicht ungeschoren davon. Man zweifelt ihre Originalität an, um sich auf diese Weise stärker von ihr distanzieren zu können. In 1. Nephi 13 wird wohl zugestanden, daß sie einst vollkommen war, nachdem die Apostel des ersten Jahrhunderts sie fertiggestellt hatten. Dann jedoch, so behauptet das Buch Mormon, fiel die Kirche vom Worte Gottes ab und entfernte »kostbare Teile« aus der Bibel, wobei aber nirgends gesagt wird, um welche Teile es sich handelt. Die »abgefallene Kirche« habe das getan, »um die rechten Wege des Herrn zu verdunkeln, damit sie die Augen der Menschenkinder verblenden und ihre Herzen verhärten könne« (Vers 27). Dadurch würden viele Menschen zum Straucheln gebracht, »so sehr, daß Satan große Macht über sie hat« (Vers 29).

Nachforschungen des Autors in Salt Lake City haben inzwischen ergeben, daß die Mormonen folgende »Schriften« in der Bibel vermissen: Das Buch der Kriege Israels; Das Buch des Bundes; Das Buch Jascher; Das Buch der Taten Salomos; Das Buch Jehu; Das Buch Uzziah; Die Sprüche der Seher; den dritten Korintherbrief; den zweiten Epheserbrief; den Brief an die Laodizäer. Auf die Frage nach dem Inhalt der genannten

Schriften und dem Grund, warum denn gerade diese aus der Bibel entfernt worden sein sollen, gibt es von mormonischer Seite hier keine Antwort (kann es wohl auch nicht geben).
Wenn die Mormonen in Artikel 8 des von Joseph Smith formulierten Glaubensbekenntnisses sagen: »Wir glauben an die Bibel als das Wort Gottes, soweit sie richtig übersetzt ist; wir glauben auch an das Buch Mormon als das Wort Gottes«, dann richtet sich ihr Verdacht einer falschen Übersetzung nur auf die Bibel, während beim Buch Mormon von vornherein alles in Ordnung zu sein scheint.
In wohl weiser Voraussicht, daß es mit dieser zweiten »Heiligen Schrift« Schwierigkeiten geben könnte, enthält sie Stellen, wo solche zurechtgewiesen werden, die nur die Bibel für das Wort Gottes halten. So heißt es in 2. Nephi 29: »Du Narr, der du sagen wirst: Eine Bibel, wir haben eine Bibel, und wir brauchen keine Bibel mehr … Und ihr braucht nicht zu denken, weil ich ein Wort gesprochen habe, daß ich nicht noch eines reden könnte … Daher braucht ihr nicht zu denken, weil ihr eine Bibel habt, daß sie alle meine Worte enthalte; auch braucht ihr nicht anzunehmen, daß ich nicht noch mehr habe schreiben lassen.«
Unsere Fragen hinsichtlich des Buches Mormon richten sich nicht nur auf seine Entstehung, sondern auch auf seinen Inhalt. Dem Leser wird eine Fülle angeblich historischer Ereignisse geboten, für die es keine Beweise gibt. So sollen Lehi, Nephi und Laman wohlbekannte Bürger Jerusalems gewesen sein; sie werden jedoch in keinem Geschlechtsregister Israels genannt. Es gibt auf dem amerikanischen Kontinent auch keine archäologischen Funde, Legenden oder Volksbräuche, die die Berichte des Buches Mormon bestätigen könnten.
Kopfschütteln verursacht zudem die zeitliche Einordnung einiger Begebenheiten. So erfährt der erstaunte Leser, daß es schon im Jahre 73 v. Chr. Jünger Jesu gegeben habe, die sich Christen nannten. Alma 46,15 heißt es: »Und die zur Kirche gehörten, waren treu; alle wahrhaft Gläubigen in Christo nahmen freudig den Namen Christi oder den Namen Christen auf sich, wie sie wegen ihres Glaubens an Christus, der da kommen sollte, genannt wurden.« Und noch früher, schon um das Jahr

147 v. Chr., sollen Menschen »getauft und von der Gnade Gottes erfüllt« worden sein. Die Getauften nannte man »Kirche Gottes oder Kirche Christi« (Mosiah 18,16f.).
Wahllos und unbekümmert werden hier Vorgänge wie christliche Taufe und Gemeindebildung in die Zeit vor dem Erscheinen Jesu Christi verlegt; außerdem soll sich das alles in Amerika abgespielt haben.
Schon diese wenigen Beispiele, die in ihren Aussagen völlig von der Bibel abweichen, zeigen die merkwürdige Ausrichtung des »neuen Zeugen für Christus«. Dennoch wagen die beiden Mormonen-»Theologen« Franklin D. Richards und James A. Little in ihrer Abhandlung der ›Evangeliumslehre‹ die Behauptung: »Als Ganzes genommen muß das Buch Mormon entweder wahr oder falsch sein. Ist es falsch, so ist es die Bibel gleichermaßen, denn es gibt zwischen beiden keinen Widerspruch.«[12]

Weitere »Heilige Schriften« des Mormonismus

Neben der Bibel und dem Buch Mormon erkennen die Mormonen noch zwei weitere Textsammlungen als »Heilige Schriften« an: a) das Buch ›Lehre und Bündnisse der Kirche Jesu Christi der Heiligen der Letzten Tage‹ (normalerweise nur ›Lehre & Bündnisse‹ genannt) und b) ›Die Köstliche Perle‹.
a) Das Buch ›Lehre & Bündnisse‹ (Doctrine and Covenants) erschien 1835 als eine Zusammenstellung von 136 »Offenbarungen, die dem Propheten Joseph Smith gegeben wurden«, wie es im Untertitel heißt. Es war seinerzeit die erweiterte Neuauflage des ›Buches der Gebote‹ (Book of Commandments), das 1833 mit nur 65, angeblich zwischen Juli 1828 und September 1831 empfangenen ›Offenbarungen‹ herausgekommen war. Dem kritischen Leser der beiden Werke fallen allerdings eine ganze Reihe von gravierenden Unterschieden auf. Die Neuauflage enthält verschiedene ›Offenbarungen‹, die ganz eindeutig hinzugefügt wurden, um bestimmte neue Lehren zu stützen, die der ›Prophet‹ in sein Programm aufgenommen hatte. In einigen Abschnitten wurden Aussagen gestrichen, die späteren

Lehren widersprochen hätten, und wieder andere Textstellen weisen Zusätze auf, die den betreffenden ›Offenbarungen‹ eine gewisse Ursprünglichkeit geben sollten. Der Kritiker Melvin Petersen hat 2643 solcher Änderungen und Zusätze herausgefunden[13]. Aus Platzgründen kann die genannte Manipulation jedoch nur an zwei Beispielen verdeutlicht werden.

1. Im Zusammenhang einer die ›Übersetzung‹ des Buches Mormon und der dazu verliehenen ›Gabe‹ betreffenden ›Offenbarung‹ war gemäß ›Buch der Gebote‹ 4,2 im März 1829 von ›Gott‹ festgestellt worden: »Er [Joseph Smith] hat keine Macht über sie [die Goldplatten], außer daß ich sie ihm gewähre; und er hat eine Gabe, das Buch zu übersetzen; und ich habe ihm geboten, nach keiner anderen Gabe zu trachten [to pretend], denn ich werde ihm keine andere Gabe gewähren.«

Mit dieser Einschränkung auf das Projekt ›Buch Mormon‹ sollte zu jenem Zeitpunkt wohl die Einzigartigkeit und der göttliche Ursprung der Übersetzergabe betont werden. Damit wären jedoch zukünftige ›Übersetzungen‹ anderer geheimnisvoller Schriften (etwa ›Buch Abraham‹ und andere) unmöglich gewesen. Nach der Behebung dieser Schwierigkeit liest sich die Textstelle deshalb heute so: »Du hast eine Gabe, die Platten zu übersetzen, und dies ist die erste Gabe, die ich dir verliehen habe. Ich habe dir geboten, nach keiner anderen zu trachten, bis mein Zweck in dieser Sache erreicht ist; denn ich werde dir keine andere verleihen, bis dies der Fall sein wird« (LuB 5,4).

2. Im Hinblick auf die »Vollständigkeit des Evangeliums« im Buch Mormon und die geplante Gründung einer Religionsgemeinschaft hatte Smith dann im Juni 1829 folgende Verlautbarung in Form einer an ihn gerichteten ›Offenbarung‹ herausgegeben: »Verlasse dich auf diese geschriebenen Dinge; denn darin ist alles niedergelegt, was meine Kirche, mein Evangelium und meinen Felsen betrifft. Wenn du also meine Kirche, mein Evangelium und meinen Felsen aufbauen wirst, werden die Pforten der Hölle dich nicht überwinden« (Buch der Gebote 15,3–4). Daß sich die »geschriebenen Dinge« hier auf das Buch Mormon bezogen, wird von dem mormonischen Autor Sidney Sperry ausdrücklich bestätigt[14].

Nun hatte Smith bei der Abfassung des Buches Mormon wohl noch nicht an spätere Organisations- und Verwaltungsstrukturen, Priesterämter, Tempelrituale und andere Sonderlehren gedacht. Als ihm dieses Problem bewußt wurde, änderte er die zitierte ›Offenbarung‹, so daß weitere ›göttliche Verlautbarungen‹ zu diesen Themen in Zukunft möglich wurden. In ›Lehre & Bündnisse‹ erscheint deshalb der Text heute in dieser Fassung: »Verlasse dich auf die geschriebenen Dinge; denn darin ist alles niedergelegt, was die Gründung (the foundation) meiner Kirche, meines Evangeliums und meines Felsens betrifft. Wenn du also meine Kirche auf der Grundlage (upon the foundation) meines Evangeliums und meines Felsens aufbauen wirst ...« (LuB 18,3–5).

Das Buch ›Lehre & Bündnisse‹ müßte eigentlich das ›Buch der mormonischen Sonderlehren‹ heißen, da in ihm die wesentlichen und charakteristischen Aspekte des Mormonismus abgehandelt werden, unter anderem: Aaronisches Priestertum; Melchizedekisches Priestertum; Gott und Götter; Drei Grade der Herrlichkeit; Prinzip der Vielehe; Wort der Weisheit; Vergöttlichung des Menschen; Totentaufe; Präexistenz der menschlichen Geister; Gesetz des immerwährenden Fortschritts; himmlische Ehe u. a.

Der größte Teil der ›Offenbarungen‹ trägt allerdings recht amerikanisch-provinzielle Züge: Es geht dabei um persönliche Anweisungen und Ratschläge für Freunde und Mitarbeiter Joseph Smiths; um die Regelung des Reisedienstes, die Errichtung von Gasthäusern, das Anlegen von Bauplätzen und ähnliche Alltagsgeschäfte.

b) ›Die Köstliche Perle‹ (Pearl of Great Price) ist die kürzeste der »Heiligen Schriften« des Mormonismus und soll dem Untertitel zufolge »eine Auswahl aus den Offenbarungen, Übersetzungen und Schilderungen Joseph Smiths« darstellen. Sie umfaßt ›Das Buch Moses‹, ›Das Buch Abraham‹, Matthäus 24 in Smithscher »inspirierter Übersetzung«, den Bericht seiner ›Ersten Vision‹ und die 13 mormonischen Glaubensartikel. Die erste Ausgabe der ›Köstlichen Perle‹ erschien 1851 in England; in Amerika erst 1878. Am 3. April 1976 entschied die ›General-

konferenz der Kirche Jesu Christi der Heiligen der Letzten Tage‹, Joseph Smiths »Vision vom celestialen Reich« (datiert 21. Januar 1836) und Joseph F. Smiths »Vision von der Erlösung der Verstorbenen« (datiert 3. Oktober 1918) als »Zusatz zur Köstlichen Perle« in dieses Büchlein aufzunehmen.
›Das Buch Moses‹ enthält in Kapitel 1 »Die Visionen Moses, wie sie Joseph Smith, dem Propheten, im Juni 1830 offenbart wurden«, und in den Kapiteln 2 bis 8 »Die Schriften Moses«, die der ›Prophet‹ im folgenden Dezember auf die gleiche Art und Weise erhalten haben wollte. Diese acht Kapitel möchten nun, im Gegensatz zur Bibel, einen ungekürzten Bericht von der Schöpfung und den ersten Menschen bis zur Zeit Noahs anbieten; sie wurden zunächst zwischen August 1832 und Januar 1844 als Fortsetzungsroman in einer Mormonenzeitschrift abgedruckt.
In den fünf Kapiteln des ›Buches Abraham‹ ist von Göttern die Rede, die die Erde aus vorgefundener Materie formten; von ›Gott‹, der auf dem Planeten Kolob residiert; von der Präexistenz der Seelen; vom Priestertum, das Abraham innehatte, und von vielen anderen Dingen. Um dieses kleine Büchlein rankt sich nun eine recht abenteuerliche und für Mormonen höchst peinliche Geschichte, die etwas ausführlicher erzählt werden soll, um an einem konkreten Beispiel das Entstehen »Heiliger Schriften« des Mormonismus nachzuzeichnen.
Alles hatte damit begonnen, daß ein Mann namens Michael H. Chandler 1833 durch verschiedene Umstände in den Besitz mehrerer ägyptischer Mumien gelangt war, in deren Bandagen er einige Papyri entdeckte. Mit diesen Schätzen zog er anschließend durch das Land, um sie für Geld sehen zu lassen. Eines Tages traf er Benjamin Bullock III., einen Verwandten von Joseph Smiths Freund Heber C. Kimball; dieser Bullock erzählte ihm, daß der ›Mormonen-Prophet‹ die »Gabe« habe, geheimnisvolle Schriften zu übersetzen. Chandler reiste also nach Kirtland/Ohio, wo er am 3. Juli 1835 mit J. Smith zusammentraf, der sofort sein starkes Interesse an einem Erwerb der Papyri bekundete. Chandler wollte diese jedoch nur zusammen mit den Mumien verkaufen. Schließlich übernahm Smith alle Ge-

genstände für 2400 Dollar, machte sich an die Untersuchung der Papyri und kam zu folgendem Ergebnis: »Ich begann einige der Hieroglyphen zu übersetzen und fand zu unserer Freude heraus, daß eine der Papyrus-Rollen die Schriften Abrahams, eine andere diejenigen Josephs von Ägypten enthielt ...«[15]
Anfang 1842 war die Übersetzung eines der Fragmente beendet und erschien als »Das Buch Abraham« in mehreren Folgen in der Schrift »Times and Seasons« in Nauvoo. Ein junger Holzschnitzer hatte von den Original-Illustrationen, die sich bei dem Text des Papyrus-Fragmentes befanden, noch drei Reproduktionen hergestellt, die der Übersetzung beigefügt und von Smith erklärt worden waren.
Nach dem Tode des ›Propheten‹ gingen Mumien und Papyri in den Besitz seiner Witwe Emma und seiner Mutter Lucy über, die beide nicht mit auf den großen Treck nach Westen zogen. Als die Mutter 1855 starb, verkaufte Emma die Gegenstände einem gewissen Mr. A. Combs. 1859 wurden Teile davon dem Museum in St. Louis verkauft oder geschenkt und 1863 an das Museum in Chicago weitergegeben. Lange Zeit war man der Meinung gewesen, daß alle aus Smiths Besitz stammenden Mumien und Dokumente 1871 durch ein großes Feuer im Chicagoer Museum vernichtet worden seien.
Anfang der 30er Jahre des vorigen Jahrhunderts befand sich die Erforschung ägyptischer Hieroglyphen (Bildzeichen) noch in den Kinderschuhen, so daß kaum eine Möglichkeit bestand, J. Smiths Übersetzung kritisch zu überprüfen. Etwas besser war die Situation schon 1860, als Theodule Deveria, ein junger Gelehrter aus dem Pariser Louvre, die Faksimile-Drucke aus der ›Köstlichen Perle‹ in die Hände bekam und feststellte, daß damit irgend etwas nicht stimmen konnte.
Ein großes Verdienst um die Aufhellung der Zusammenhänge zwischen den Papyrus-Fragmenten und der Smithschen Übersetzung erwarb sich 1912 Franklin S. Spaulding, damals Episkopal-Bischof von Utah. In seinem Buch »Joseph Smith Jr. als Übersetzer« waren namhafte Ägyptologen zu Wort gekommen, die vorher die Holzdrucke samt Inschriften genau untersucht und mit dem ›Buch Abraham‹ verglichen hatten. Ihr Ur-

teil war vernichtend. Von »Betrug« (impudent fraud) war die Rede; Smith habe die Göttin in einen König und Osiris in Abraham verwandelt; das ›Buch Abraham‹ sei ein »reines Phantasieprodukt« (pure fabrication) usw. James H. Breasted, Leiter des Haskell Oriental Museum der Universität Chicago, schrieb: »Um es zusammenzufassen – diese drei Faksimiles von ägyptischen Dokumenten in der ›Köstlichen Perle‹ zeigen ganz allgemeine Dinge der ägyptischen Bestattungsreligion. Joseph Smiths Deutung, daß es Teile einer einzigartigen Offenbarung Abrahams seien, zeigt sehr deutlich, daß er von der Bedeutung dieser Dokumente überhaupt keine Ahnung hatte und absolute Ignoranz im Hinblick auf die einfachsten Tatsachen ägyptischer Schriften und Zivilisation zeigte.«[16]
Die Verwirrung unter den gläubigen Mormonen war verständlicherweise sehr groß, und man wußte zunächst nicht, wie man darauf reagieren sollte, denn es gab keinen Ägyptologen unter den »Heiligen der Letzten Tage«. Schließlich fand sich ein Mann namens J. C. Homans, ein professioneller Redenschreiber, der früher schon einmal ein Buch zur Verteidigung der Schnapsindustrie geschrieben hatte. Unter dem Künstlernamen ›Dr. Robert C. Webb‹ versuchte er eine »Antwort« auf Spauldings Kritik, die Fachleute jedoch als »lächerlichen Unsinn« zurückwiesen. Danach wurde es wieder etwas ruhiger um »Das Buch Abraham«.
Im Frühjahr 1966 besuchte der Ägypter koptischen Glaubens Dr. Aziz S. Atiya, der in Salt Lake City als Professor für Orientalische Studien arbeitete, das New Yorker Metropolitan Museum, um Unterlagen für ein neues Buch zu sammeln. Dabei entdeckte er in einem Karton einige Papyri, die er als diejenigen erkannte (er war mit den »Heiligen Schriften« des Mormonismus vertraut), die J. Smith als Vorlage für sein ›Buch Abraham‹ gedient haben mußten. Später wurde bekannt, daß das Museum sehr wohl von der Existenz dieser besonderen Papyri gewußt, jedoch keine Veranlassung gesehen hatte, von sich aus die Mormonen davon in Kenntnis zu setzen. Der seinerzeitige Kurator des Museums, Dr. Henry Fischer, erklärte: »Unsere erste Kenntnis der Papyri reicht in das Jahr 1918 zurück, als

eine Frau Alice Heusser aus Brooklyn unserem damaligen Kurator Dr. Lythgoe die Fragmente zeigte ... Ihre Mutter war bei einem Herrn Combs Haushälterin gewesen, und Combs hatte sie von der Familie J. Smith gekauft ... Als Mr. Combs starb, überließ er sie Frau Heussers Mutter ... Der Witwer von Frau Alice Heusser, Edward Heusser, hat sie uns dann angeboten; und wir erwarben sie 1947.«[17] Es mußte sich dabei also um jenen Teil der Papyri gehandelt haben, der 1859 nicht den Museen in St. Louis und Chicago übergeben worden war. Nachdem die Utah-Mormonen gegenüber dem New Yorker Museum ihr Interesse an den Dokumenten geäußert hatten, wurden sie ihnen am 27. November 1967 im Rahmen einer kleinen Zeremonie ausgehändigt.

Die Freude einiger Mormonen darüber, daß nun anhand der Originaltexte Joseph Smiths ›Übersetzungsgabe‹ bestätigt werden könnte, dauerte nicht sehr lange. 1968 waren die beiden Ägyptologen der Universität Chicago, Prof. John A. Wilson und Prof. Klaus Baer, aufgrund eingehender Studien und vergleichender Untersuchungen zu dem Ergebnis gekommen, daß diese Papyrus-Fragmente dem ›Propheten‹ als Grundlage für seine ›Übersetzung‹ des ›Buches Abraham‹ gedient hatten. Weiterhin hatten sie festgestellt, daß der Inhalt des Büchleins und derjenige der Fragmente überhaupt nichts miteinander zu tun haben. Bei den Papyri handelt es sich um ein Begräbnisritual aus dem ›Buch der Atemzüge‹ (Book of Breathings), das wiederum einen Ausschnitt aus dem umfangreichen ›Totenbuch‹ (Book of the Dead) bildet. Prof. Baer legte folgende Übersetzung der Fragmente vor: »Osiris soll dem Großen Bekken des Khons übergeben werden – und ebenso Osiris Hor, gerechtfertigt, geboren dem Tikhebyt, gerechtfertigt – nachdem seine Arme auf sein Herz und das Buch der Atemzüge, das innere und äußere Beschriftung trägt, in königliches Leinen gepackt und unter seinen linken Arm nahe des Herzens gelegt worden sind, soll der Rest der Bandagen über ihn gewickelt werden. Der Mann, für den dieses Buch abgeschrieben wurde, wird in Ewigkeit atmen, wie es die Seelen der Götter tun.«[18]

Aus den 46 Hieroglyphen der Fragmente hatte der ›Prophet‹

einen Text von 1125 englischen Worten produziert, wobei allein das Bildzeichen für ›Kohns‹ (Mondgott) bei Smith die vier Verse 1,16–19 ergab. Ganz nebenbei hatte sich der ›Prophet‹, wie schon beim Buch Mormon, auch hier als eifriger Abschreiber biblischer Texte betätigt. Die Verse 9,11,14–16, 18,19–23 und 25 des 2. Kapitels stimmen nämlich fast wörtlich mit 1. Mose 12,1–13 überein.
In Vorahnung der zu erwartenden Peinlichkeiten hatte der Mormonen-Archäologe Dr. Hugh Nibley schon am 1. Dezember 1967, also kurz nach der Übergabe der Dokumente, in einer Zeitschrift der Brigham Young Universität den gesamten Vorgang so kommentiert: »Diese Entdeckung ist für die mormonischen Gelehrten doch eine böse Überraschung« (»LDS scholars are caught flatfooted by this discovery«)[19].

Religionsgründung und Zug nach dem Westen

Nach der ›Übersetzung‹ des Buches Mormon und erfolgreich abgeschlossenen Verhandlungen mit der Firma ›Egbert Grandin & Co‹ in Palmyra standen im März 1830 die ersten gedruckten Exemplare einer Auflage von 5000 Stück zur Verfügung. Es wurden mehrere Taufen vorgenommen, und nun schien auch die Zeit für eine Religionsgründung gekommen zu sein. Auf Grund verschiedener Offenbarungen lag sogar das Datum fest: 6. April 1830.
An diesem Tage versammelten sich sechs Männer in Fayette/N. Y., verlasen die »offenbarten« Anweisungen Gottes über Aufbau und Organisation der neuen Gemeinschaft und unterschrieben die Gründungsurkunde der »Kirche Jesu Christi«; acht Jahre später erhielt sie durch eine neue »Offenbarung« noch den Zusatz »... der Heiligen der Letzten Tage«. Joseph Smith selbst wurde »Seher, Übersetzer, Prophet und Apostel Jesu Christi, ein Ältester der Kirche durch den Willen Gottes« genannt[20]. Seitdem trägt jeder Präsident der Mormonen-Gemeinschaft den Titel »Seher, Prophet und Offenbarer«.
Vom Frühjahr 1831 an verlagerten sich die Aktivitäten der

Mormonen in mehreren Etappen weiter nach Westen. Kirtland/Ohio war eine wichtige Station, wo 1836 nach dreijähriger Bauzeit ihr erster Tempel eingeweiht wurde. In Independence/Missouri steckte man nach einer entsprechenden »Offenbarung« das Grundstück für das neue ›Zion‹ ab, den »Ort, wo die reinen Herzens miteinander in Rechtschaffenheit wohnen«. Ausgehend von solch einer zentralen Zionsgemeinde, sollte eines Tages der ganze amerikanische Kontinent »Zion« sein[21]. Heute befindet sich der Bauplatz in den Händen einer kleinen abgesplitterten Mormonen-Sekte, der »Kirche Christi (Temple Lot)«, die 1867 Geld gesammelt und das Grundstück erworben hatte.

Über Jahrzehnte hin war die Geschichte der Mormonen gekennzeichnet von ständigen Unruhen und feindlichen Begegnungen mit Nichtmormonen und staatlichen Behörden. Erstaunlich ist jedoch, daß sich in mormonischen Darstellungen keine Hinweise auf etwaiges Versagen der »Heiligen« selbst finden. Schuld an den Auseinandersetzungen trugen stets andere. Besonders »Pöbel« und »Gesindel« (Lieblingsworte in diesem Zusammenhang) schien es auf die »Heiligen« abgesehen zu haben. Als Grund dafür wird Neid auf die »fröhlichen und fleißigen Mormonen« vermutet, verbunden mit der Hetze von Geistlichen und scharfer Ablehnung der fremden Lebensart. So meint W. E. Berrett: »Die Tatsache, daß die Mormonen von dem kommunalen Leben eine ganz eigene Vorstellung hatten, weckte den Argwohn, später auch die tätliche Feindschaft der Umgebung, die miterleben konnte, wie sich die Mitgliederzahl der Kirche mit unglaublicher Schnelligkeit vervielfachte. Besonders aufgeregt waren die Geistlichen, die ihre eigene Herde dahinschwinden sahen, wenn sie in Scharen in die Mormonengemeinde zog oder gar am gleichen Ort eine neue Mormonengemeinde gründete. Das machte die Priester natürlich bitter, und sie betätigten sich bei den Feindseligkeiten gegen die neue Religion nicht selten als Drahtzieher.«[22]

Joseph Smith selbst mußte sich in Kirtland wegen Betruges vor Gericht verantworten. Mit Aktien der von ihm gegründeten »Kirtland Safety Society« hatte es hemmungslose Geld- und

Bodenspekulationen gegeben, bis die bankähnliche Einrichtung infolge einer allgemeinen Inflation finanziell zusammenbrach. Das Verfahren gegen Smith wurde zwar eingestellt, die Kette der Anklagen gegen die Mormonen-Führer riß jedoch nicht ab.

Nach der Vertreibung der Mormonen aus dem Bundesstaat Missouri entwickelte sich Anfang der vierziger Jahre in Illinois ein neues Zentrum. Nördlich von Quincy am Missouri-Fluß hatte Joseph Smith mehrere hundert Hektar Sumpfgelände erworben und es zusammen mit später nachfolgenden Familien urbar gemacht. Der Ort erhielt den Namen »Nauvoo«, was »Schöne Stadt« bedeuten sollte. Aus dem amerikanischen Osten und aus England strömten ständig Neubekehrte in diese »Mormonenmetropole«, die 1841 schon auf über 8000 Einwohner angewachsen war und zur wohlhabendsten Stadt in Illinois wurde. Hier konnte Smith sein Talent als »Stadtplaner« erproben; er wurde Bürgermeister, Befehlshaber einer kleinen Miliz und sogar Kandidat für das Präsidentenamt der USA. Dennoch waren ihm viele nicht wohlgesonnen, und besonders ehemalige Anhänger machten ihm das Leben schwer.

Dr. Robert Foster hatte Smith in der Zeitung ›Nauvoo Expositor‹ sexuelle Freizügigkeit und andere Dinge vorgeworfen. Daraufhin gab Joseph Smith dem Polizeichef und einigen Männern den Befehl, in das Verlagshaus einzudringen und die Druckmaschinen zu zerstören. Foster bewirkte einen Haftbefehl gegen den »Propheten«, der festgenommen und in das Gefängnis der Distriktshauptstadt Carthage eingeliefert wurde. In der Nacht des 27. Juni 1844 wurde das Gebäude von etwa 100 Männern mit geschwärzten Gesichtern gestürmt, und Smith und sein Bruder Hyrum wurden erschossen.

Die Verwirrung, die der Tod des Religionsgründers auslöste, war nicht gering. Es kam zu Nachfolgekämpfen, an denen sich neben Mitgliedern der Familie Smith, die das ›Prophetenamt‹ erwerben wollten, auch ehemalige »Apostel« und einige Männer der ersten Stunde beteiligten. Manche beriefen sich dabei auf Visionen und Offenbarungen, um ihren Führungsanspruch zu erhärten. Wer damit keinen Erfolg hatte, gründete einfach

eine neue Mormonen-Sekte, von denen manche heute noch ein bescheidenes Dasein fristen.
Aus den Machtkämpfen ging schließlich der ehemalige Zimmermann Brigham Young (1801–1877), Vorsitzender des ›Apostelkollegiums‹, als Sieger hervor. Als im September 1845 von der alteingesessenen Bevölkerung der Abzug der Mormonen aus Illinois gefordert wurde, gab er dem Drängen nach und organisierte im Winter 1845/46 den großen Mormonen-Zug nach dem Westen. Die Bundesstaaten des mittleren Westens lehnten eine Aufnahme der Durchziehenden ab, und so fiel die Wahl der endgültigen Bleibe auf das unwirtliche Tal am Großen Salzsee, das im Juli 1847 erreicht wurde. Noch im Dezember des gleichen Jahres bestätigte man Brigham Young als zweiten »Präsidenten, Propheten, Seher und Offenbarer der Kirche« und gut drei Jahre später auch als Gouverneur des inzwischen entstandenen »Deseret-Territoriums«. Unter seiner Führung verwandelten die Mormonen eines der unfruchtbarsten Gebiete Amerikas in eine blühende Kulturlandschaft, was ihnen große Anerkennung eintrug.
Dennoch wurde das Territorium erst 1896 als Bundesstaat »Utah« in die Vereinigten Staaten aufgenommen. Der Hauptgrund dafür war die Polygamie der Mormonen, derentwegen es immer wieder zu Konfrontationen mit dem Kongreß in Washington gekommen war.

Frauen und Nebenfrauen

Wer heute einen Mormonen nach der Vielehe in seiner Glaubensgemeinschaft fragt, wird eine entrüstete Antwort bekommen: Das sei lange vorbei; außerdem hätten zu keinem Zeitpunkt mehr als drei Prozent der »Heiligen« in dieser Form gelebt. Die »Offenbarung« über die Mehrehe ist jedoch nie aufgehoben worden, auch wenn es heute das polygame Prinzip offiziell nicht mehr gibt. Für diese Entscheidung wurde 1890 dem Staat »in feierlicher Weise« die Verantwortung auferlegt, »dessen Gesetze den Verzicht erzwungen hatten«[23].

Wie war es zur Ausübung der Vielehe unter den Mormonen gekommen? Joseph Smith, seit Januar 1827 mit Emma Hale verheiratet, soll von 1841 ab mit mehreren anderen Frauen intimen Umgang gehabt haben. Sein Verhalten versuchte er mit Hilfe einer im Juli 1842 in Nauvoo empfangenen »Offenbarung« zu rechtfertigen, in der es heißt: »Wenn ein Mann eine Jungfrau heiratet, und wünscht noch eine andere zu heiraten, und die erste gibt ihre Einwilligung dazu; und wenn er dann auch die zweite heiratet und sie Jungfrauen sind, und haben keinem anderen Mann ein Gelübde gegeben, dann ist er gerechtfertigt ... Und wenn ihm durch dieses Gesetz zehn Jungfrauen gegeben werden, so kann er keinen Ehebruch begehen, denn sie gehören ihm und sind ihm gegeben; deshalb ist er gerechtfertigt.«[24]

Diese »Offenbarung« wurde anfangs noch geheimgehalten und erst 1852 von Brigham Young bekanntgegeben, der dann zum eigentlichen Verfechter der »patriarchalischen Eheordnung« wurde. Als er 1877 starb, soll er 17 Frauen (insgesamt hatte er 28) und 56 Kinder hinterlassen haben. Er sah die Vielehe (»eine der besten Lehren, die je einem Volk gegeben wurden«) auch im Zusammenhang des »Priesterdienstes«, den ein Mann an seinen Nachkommen tun kann, indem er durch das Hervorbringen von Kindern jenseitigen Geistern zur Verkörperung auf der Erde verhilft. Im Oktober 1865 erklärte er dazu: »Die Polygamie wurde von Gott offenbart, oder das ganze Gebäude ihres [der Mormonen] Glaubens ist falsch. Von ihnen den Verzicht auf ein solches Glaubensstück zu verlangen kommt der Forderung gleich, daß sie ihren ganzen Glauben aufgeben, ihr Priestertum als Lüge, ihre Verordnungen als Täuschung und alles, wofür sie sich geplagt, gelebt, geblutet und gehofft haben, als einen elenden Bankrott und eine Verwüstung des Lebens eingestehen.«[25]

In offiziellen mormonischen Verlautbarungen des vorigen Jahrhunderts kam auch stets zum Ausdruck, daß das Prinzip der Vielehe eine wesentliche Voraussetzung für die Erlösung und Erhöhung des Menschen sei. Noch 1961 meinte John J. Stewart in seinem Buch »Brigham Young und Seine Frauen«

(S. 71): »Die Vielehe ist als Modell von Gott bestimmt worden als Teil Seines Planes des immerwährenden Fortschritts, um Sein Reich voranzubringen und Seine Kinder zu erhöhen.«
Nachdem sich die Mormonenführung 1890 den gesetzlichen Forderungen der Vereinigten Staaten gebeugt und beschlossen hatte, in Zukunft keinem Mormonen mehr zu erlauben, die Vielehe zu praktizieren, schrieb die ›Erste Präsidentschaft‹ nach Washington: »Wir haben bisher gelehrt, daß Polygamie oder die Himmlische Ehe von Gott durch Joseph Smith angeordnet war. Sie war eine Notwendigkeit für die Erhöhung des Menschen im kommenden Leben.«[26] An dieser Doktrin als einem »geoffenbarten Gesetz« sollen, einem Bericht von Einar Anderson zufolge, in einigen westlichen Bundesstaaten der USA noch etwa 70000 fundamentalistisch gesonnene Mormonen festhalten und in polygamen Eheformen leben[27].

»Wiederhergestellte Kirche« und »vollmächtiges Priestertum«

In einem Lehrbuch für den Sonntagsschulunterricht der Mormonen, das den Titel »Ein wunderbares und seltsames Werk« trägt, findet sich auf S. 276 folgende graphische Darstellung: An einer senkrechten Linie sind untereinander Kästchen angeordnet mit Inschriften wie »HIMMEL«, »Jesus Christus«, »Apostel«, »Abfall vom Glauben«, »Katholische Kirche«, »Orthodoxe Kirche«, »Reformation« sowie Namen von Kirchen, Freikirchen und Sekten der Gegenwart. Daneben verbindet eine schräge Linie direkt die beiden Kästchen »HIMMEL« und »Kirche Jesu Christi der Heiligen der Letzten Tage«. Damit soll anschaulich gemacht werden, daß diese Glaubensgemeinschaft keine Abspaltung, sondern »die von Gott selbst wiederhergestellte Kirche« sei, so wie sie zur Zeit der ersten Apostel schon einmal bestanden habe.
In Kapitel 11 seines Buches »Die Glaubensartikel« schreibt James Talmage, der Abfall von Ordnung, Lehre und Geist der ersten Christenheit habe schon gleich nach dem Tod der ersten

Apostel begonnen. Die Kirche sei verschwunden; es wäre nicht einmal ein Schatten von ihr zurückgeblieben. Da es keine inspirierten Propheten mehr gegeben habe, hätte auch das Evangelium nicht mehr in einer für Gott annehmbaren Weise verwaltet werden können. Alle Liturgien und Zeremonien, die eingeführt wurden, wären ungültig und ohne Bedeutung gewesen.
Aber dann hätte sich Gott Joseph Smith als sein Werkzeug erwählt, um die Frohe Botschaft erneut der Welt zu verkünden. Talmage meint: »Kraft der so wiedergegebenen Vollmacht ist die Kirche in ihrer ganzen früheren Vollkommenheit von neuem organisiert worden ... Die Heiligen der Letzten Tage verkünden ihren hohen Anspruch auf die wahre Kirchenverfassung, die der von Christus unter den Juden eingesetzten in allen Teilen gleicht. Dieses Volk der Letzten Tage behauptet, das Priestertum des Allmächtigen zu besitzen, d. h. die Vollmacht, im Namen Gottes zu amtieren, welche Vollmacht sowohl im Himmel als auch auf Erden Anerkennung fordert.«[28]
Die meisten Sekten erheben den exklusiven Anspruch, die Wahrheit zu besitzen und gestehen ihren Amtsträgern als den ›Hütern‹ dieser Wahrheit besondere Vollmachten zu. Bei keiner dieser Gemeinschaften hat sich jedoch ein so perfektioniertes Amtsverständnis ausgeformt wie bei den Mormonen, die behaupten: »... ihr könnt nicht mit himmlischer Herrlichkeit gerettet werden, es sei denn, ihr werdet durch dieses [mormonische] Priestertum gerettet.«[29] Die Begründung für solch große Worte ist wohl in den Behauptungen Joseph Smiths zu suchen, er habe die priesterlichen Vollmachten direkt aus dem Himmel empfangen. Im Mai 1829 sei ihm und Oliver Cowdery das einfache »Aaronische Priestertum« durch Johannes den Täufer übertragen worden. Nach mormonischer Praxis umfaßt es heute die Dinge des Gemeindelebens: Diakonie, Besuchsdienst, Unterricht, Predigt, Taufe und Abendmahl.
Kurze Zeit später sei Smith dann von den Aposteln Petrus, Jakobus und Johannes mit dem höheren »Melchizedekischen Priestertum« betraut worden, das sich auf die geistlichen Angelegenheiten beziehe und das Vorrecht der Präsidentenschaft über alle Ämter der Gemeinschaft einschließe.

Wer das Neue Testament genau liest, weiß, daß es in der christlichen Gemeinde zur Zeit der Apostel kein Priestertum mehr gab, das auf alttestamentlich-jüdischen Vorstellungen beruhte. Die aufgrund der Gesetze des Alten Bundes amtierenden aaronischen Priester hatten die Aufgabe, durch Tier- und Blutopfer (3. Mose 16,5–34) zunächst sich selbst und dann das ganze Volk von Schuld zu befreien.
Von einem ›Melchizedekischen Priestertum‹ als einer erkennbaren Institution steht in der Bibel nichts. Ein Priestertum mit diesem Namen wird im Alten Testament nur an zwei Stellen erwähnt. In 1. Mose 14,18ff. geht es um das sakrale Königtum eines heidnisch-kanaanäischen Stadtkönigs von Jerusalem namens Melchizedek. Er bewirtet den aus einem Kampf zurückkehrenden Abraham mit Brot und Wein und erteilt ihm den Segen des »höchsten Gottes«. Abraham gibt ihm dafür als Dankesgabe einen Teil seiner Kriegsbeute. Alttestamentler halten die Melchizedek-Szene für ein später hineinkomponiertes Textstück mit kultätiologischer Ausrichtung, d. h., bestimmte spätere Zustände in Israel, wie das Zehntengeben der Bauern und kultische Funktionen der Könige, erhalten durch diese nachträgliche Verbindung mit der Vätergeschichte ihre Legitimierung.
Bei der zweiten Stelle, in Psalm 110, geht es wohl um ein Inthronisationsritual, das den König von Jerusalem (David und seine Nachfolger) zur Rechten Gottes sitzen läßt. Außer seiner Königswürde ist ihm auch das Amt eines Priesters übertragen, und zwar ›für immer‹: »Du bist in Ewigkeit Priester nach Melchizedeks Art« (Psalm 110,4).
Hier wird vom prophetischen Sänger des Psalms also an den urbildlichen Traditionsträger des priesterköniglichen Amtes angeknüpft. Ein Alttestamentler meint dazu: »Es ist falsch, ein übergeschichtliches, christologisch geprägtes Messiasbild an die alttestamentlichen Texte heranzutragen … Ps. 110 bezieht sich auf den ›regierenden‹ bzw. inthronisierten König.« Dennoch: »Das Ereignis des Wortes Gottes, das die alttestamentliche Geschichte durchwirkt und zur Erfüllung im Neuen Testament hinführt, ist auch in Ps. 110 maßgebend.«[30]

Joseph Smith – und nach ihm alle Mormonen – scheinen nun das Neue Testament nicht richtig gelesen bzw. verstanden zu haben. Dort wird nämlich bezeugt, daß durch das Heilsgeschehen in Jesus Christus jegliches menschliche Priestertum, das stellvertretend für andere das Heil bewirken könne, aufgehört hat zu bestehen. Im Brief an die Hebräer heißt es ausdrücklich: »Wir haben einen Hohenpriester: Jesus Christus, den Sohn Gottes, der die Himmel durchschritten hat« (4,14). Er – und nur er! – »ist von Gott genannt ein Hoherpriester nach der Ordnung Melchizedeks« (5,10). Er ist betraut mit einem »ewigen und unvergänglichen Priestertum« (7,24) und hat »eine Erlösung erlangt«, nicht durch das Blut von Tieropfern, sondern durch sein eigenes (9,11). »Es ist ein Gott und ein Mittler zwischen Gott und den Menschen, nämlich der Mensch Jesus Christus«, heißt es im 1. Timotheusbrief (2,5).
Die von den Mormonen heute angebotenen »Priestertümer« haben auf dem Hintergrund dieser neutestamentlichen Botschaft demnach keinerlei Bedeutung und sind damit überflüssig.

Gott und Götter

Zum Merkwürdigsten, was der Mormonismus hervorgebracht hat, gehört seine Lehre von Gott. Während einer Rede im April 1844 faßte Joseph Smith seine diesbezüglichen Spekulationen so zusammen: »Gott selbst war einst, wie wir jetzt sind. Er ist ein erhöhter Mensch und sitzt auf seinem Thron im Himmel droben. Das ist das ganz große Geheimnis. Würde heute der Schleier zerrissen … – ich sage, wenn Sie ihn heute sehen könnten, so würden Sie ihn in der Gestalt eines Menschen erblicken, in Person, Erscheinung und Gestalt dem Menschen ähnlich.«[31]
In dem zur »Köstlichen Perle« gehörenden und somit als ›Heilige Schrift‹ geltenden »Buch Abraham« beschreibt Smith etwas näher, wo der erwähnte »Thron im Himmel« zu lokalisieren sei. Danach residiert Gott auf einem Planeten namens Ko-

lob, der zu einer ganzen Gruppe von Planeten gehört, die Kokaubeam genannt würden. Kolob sei der größte Kokaubeam und drehe sich in 1000 Jahren einmal um seine eigene Achse (Abraham 3).

Die von Smith begonnene Abkehr von dem auf biblischen Aussagen beruhenden Glauben, daß Gott einzig, ewig und geistig ist, drängte die Mormonenführer zu immer wilderen Phantasien, bis sie schließlich ein alles beherrschendes Gesetz postulierten, dem die Welt, die Menschen und selbst Gott unterworfen seien: das »Gesetz des immerwährenden Fortschritts«. Sie gestehen zwar zu, daß Gott zur Zeit das höchste Wesen im Weltall sei. Er war es jedoch nicht immer, und sie halten es für »ganz logisch«, daß sich Gott aufgrund dieses Gesetzes »von Anbeginn an bis auf den heutigen Tag in fortdauernder Entwicklung befunden haben muß«[32].

Wie man sich das alles im einzelnen vorzustellen habe, ist bei Milton R. Hunter, einem ehemaligen ranghohen Religionsführer, nachzulesen: »Mormonenpropheten haben durchweg die erhabene Wahrheit gelehrt, daß Gott der Vater einst ein sterblicher Mensch war, der durch die Schule des irdischen Lebens gegangen ist, ähnlich der, durch die wir jetzt hindurchgehen ... Wir müssen die Tatsache akzeptieren, daß es eine Zeit gab, zu der Gott weniger mächtig war als heute. Wie aber wurde er verherrlicht und erhöht, und wie erreichte er seinen augenblicklichen Status einer Gottheit? Zunächst hat Gott vor vielen Weltzeitaltern unzweifelhaft jede Gelegenheit genutzt, die Gesetze der Wahrheit zu lernen ... Von Tag zu Tag setzte er kraftvoll seinen Willen ein ... und durch ständiges Bemühen und ausdauernden Fleiß vergrößerte sich sein Wissen; in gleicher Weise nahm, durch absoluten Gehorsam, sein Verständnis der universalen Gesetze zu. So wuchs seine Erfahrung, und das ging so weiter, bis er den Status der Gottheit erreichte. Mit anderen Worten: er wurde Gott, indem er den ewigen Gesetzen des Evangeliums völlig gehorchte ... Kein bekannter Prophet hat eine vollständigere und kraftvollere Erklärung der Lehre gegeben, daß die Menschen Götter werden als der amerikanische Prophet ...«[33]

War der Weg der Spekulationen erst einmal beschritten, so mußten sich folgerichtig weitere ›Erkenntnisse‹ ergeben, etwa, daß Gott nur einer unter vielen Göttern sei. Nach Auffassung der Mormonen haben unzählige intelligente Wesen am »immerwährenden Fortschritt« teil, stehen jedoch auf unterschiedlichen Entwicklungsstufen; dieses wird durch Bezeichnungen wie »Götter« oder »Engel« gekennzeichnet. Gott selbst unterscheidet sich von den »Göttern« nur durch seinen höheren Entwicklungszustand.

Auch war er nicht der erste Gott. Joseph Fielding Smith, zehnter Mormonen-Präsident, meint in seinem Werk »Doctrines of Salvation«: »Der Prophet [Smith] lehrte, daß Gott unser Vater wiederum einen Vater hatte und so weiter. Ist das nicht ein vernünftiger Gedanke, besonders wenn wir uns an die Verheißung erinnern, daß wir wie er werden können?«[34]

Der Prophet Jesaja verkündet uns dagegen etwas ganz anderes. Gott spricht: »Vor mir war kein Gott, und nach mir wird auch keiner sein« (43,10); »ich bin der Erste und der Letzte, und außer mir ist kein Gott« (44,6). Es handelt sich demnach bei dem Gott der Mormonen um einen völlig anderen als den, der in der Bibel bezeugt wird.

Die Bibel kennt auch keine Verheißung für die Menschen, einst wie Gott werden zu können. Solche Vorstellungen sind nach 1. Mose 3 eher Kennzeichen der satanischen Verführung zum Ungehorsam gegen Gott. Dennoch formulierte Lorenzo Snow, fünfter Präsident der Mormonen-Gemeinschaft, den Kernsatz des Fortschrittsglaubens so: »Wie der Mensch ist, war Gott einst; wie Gott ist, kann der Mensch einst werden.«[35]

Nach mormonischer Überzeugung existierten die Menschen vor ihrem irdischen Dasein von Ewigkeit her in der Substanz reiner Intelligenz und wurden dann als Geistwesen geformt, d. h. von Gott als Vater gezeugt und von einer himmlischen Mutter geboren. »Da wir einen Vater haben, der unser Gott ist, müssen wir auch eine Mutter haben, welche die Eigenschaften der Gottheit besitzt.«[36] Weil eine einzige himmlische Frau diese Vielzahl von Geistwesen natürlich nicht hervorbringen kann, folgerte ›Mormonenapostel‹ Orson Pratt, daß

»Gott der Vater eine Mehrzahl von Frauen hatte, ... mit denen er unsere Geister und auch den Geist Jesu, seines Sohnes, gezeugt hat«[37].

Der amerikanische Christus

»Christen in aller Welt erkennen Christus als Gründer ihres Glaubens und als den größten Menschen an, der je gelebt hat. Aber damit endet auch schon die Einheit des Glaubens über ihn und seine Lehren.« So beginnt ein Traktat mit dem Titel »Was die Mormonen von Christus denken«, und man hat das Gefühl, daß sie selbst mit ihren sonderbaren Lehren wesentlich zum Wahrheitsgehalt dieses Satzes beigetragen haben. An anderer Stelle heißt es: »Es gibt auch heute noch Menschen, die der Ansicht sind, daß die Mormonen nicht an Christus glauben ... Es gibt nichts, was von der Wahrheit weiter entfernt sein könnte.«
Nun finden sich in der Mormonen-Literatur tatsächlich Aussagen über Jesus Christus, die für sich genommen den Eindruck erwecken, als stimme die mormonische Lehre über Christus mit der Bibel überein. Dieser Eindruck täuscht jedoch, denn es gibt eine ganze Reihe von Ansichten über ihn, die aus zweifelhaften Offenbarungsquellen stammen und mit dem biblischen Zeugnis nichts zu tun haben. Bei einigen Vorstellungen hat wohl auch der amerikanische Patriotismus die Wunschideen beflügelt.
Am deutlichsten wird das, »was die Mormonen von Christus denken«, wenn man anhand ihrer eigenen Schriften den ›Werdegang‹ Jesu Christi verfolgt; die einzelnen Phasen: zunächst ›Geistwesen im Himmel‹, dann unter der Bezeichnung ›Jehova‹ Mitwirkender an der Formung der Erde aus der vorhandenen, aber ungestalteten Materie; irdische Existenz mit Tod und Auferstehung, erster Besuch in Amerika und schließlich (in absehbarer Zeit) Wiederkunft und endgültiger Wohnsitz auf dem amerikanischen Kontinent.
Alles habe damit begonnen, so erfährt man, daß »Gott« eines

Tages im Himmel eine Konferenz abhielt, an der alle ›Geistwesen‹ teilnahmen. Er wollte ihnen seinen Plan zur künftigen Erlösung der Menschen bekanntgeben und jemanden mit der Durchführung dieses Planes beauftragen. »Wen soll ich senden ...?« fragte er. »Wer will hinuntergehen ..., um das große Sühneopfer zu vollbringen, durch das alle Menschen Unsterblichkeit und ewiges Leben erlangen werden?« Es meldeten sich zwei ›Geistwesen‹: Christus und Luzifer. Christus sagte: »Hier bin ich; sende mich, ich will dein Sohn sein. Ich werde deinem Plan folgen.« Luzifer jedoch versuchte, den Plan Gottes und die Ziele der Erlösung in eine andere Richtung zu lenken: »Siehe, hier bin ich, sende mich«, so sagte er, »ich will dein Sohn sein und alle Menschen erlösen ... Gib aber mir dafür die Ehre.« Gott entschied sich für Christus. Daraufhin verließ Luzifer mit einem Drittel der ›Geistwesen‹ den Himmel und wurde zum Teufel[38]. Das ›Geistwesen‹ Christus aber bekam einen menschlichen Körper, gezeugt von Gott als Vater, geboren von Maria als Mutter, um sein Erlösungswerk an den gefallenen Menschen zu tun. (Auf die mormonischen Ansichten zur Erlösung durch Jesus Christus wird im Zusammenhang der Tempelrituale [I B] noch näher einzugehen sein.)
Eine Eigenart der mormonischen »Christologie« bildet die Annahme, Jesus Christus habe zwischen Auferstehung und Himmelfahrt den amerikanischen Kontinent besucht. Obwohl der genaue Ort nicht genannt wird, behauptet Joseph Smith in seinem »Buch Mormon«, das Auftreten Jesu in Amerika sei von gewaltigen Katastrophen begleitet gewesen. Unwetter tobten; ganze Städte gerieten in Brand oder versanken im Meer; viele Menschen fanden den Tod, und es herrschte eine große Finsternis. Als sich eine große Menge vom Volke der Nephiten um den Tempel versammelt hatte und gen Himmel schaute, vernahmen die Menschen eine Stimme: »O ihr Nachkommen Jakobs, die ihr vom Hause Israels seid ... Seht meinen geliebten Sohn, an dem ich Wohlgefallen habe – hört ihn!« Dann sahen sie einen Mann in weißen Kleidern vom Himmel herabsteigen, der unter sie trat und sagte: »Seht, ich bin Jesus Christus, von dem die Propheten bezeugten, daß er in die Welt kommen werde.« In

den folgenden Tagen wirkte Jesus unter den Nephiten: Er heilte Kranke, predigte, lehrte neue landwirtschaftliche Methoden und gründete eine Kirche. Danach wurde er von einer Wolke überschattet und fuhr wieder gen Himmel, nicht ohne das Versprechen abgegeben zu haben, bei seinem zweiten Kommen in dieses Land zurückzukehren[39].

Die Anzeichen für dieses zweite Kommen Christi glauben die Mormonen heute schon deutlich zu erkennen. Gott habe »seine Kirche wiederhergestellt«; »Priester amtieren in Vollmacht«, und »Propheten empfangen göttliche Offenbarungen«. Das (mormonische) »Evangelium« wird »der ganzen Welt« verkündet, und in den Tempeln werden ›Verordnungen‹ für die Lebenden und die Toten vollzogen. Die »Mitglieder des Volkes Israel« (d. h. die zum Mormonentum Übergetretenen) werden in den »Pfählen Zions« gesammelt – mit einem Wort: »Die Zeit der Heiden ist erfüllt.«

Wenn Jesus Christus wiederkommt, empfängt ihn eine große Versammlung würdiger Amtsträger, die von Adam, dem ›Stammvater‹ aller Menschen, geleitet wird. In der Nähe der Stadt Gallatin (Grafschaft Daviess/Missouri) liegt ein Tal, dem Gott durch Joseph Smith den Namen »Adam-ondi-Ahman« gegeben hat. Hierher hatte Adam seinerzeit, drei Jahre vor seinem Tode, alle Nachkommen bis hin zur Generation Methusalems zusammengerufen, um ihnen seinen letzten Segen zu erteilen. Gott selbst hatte damals an der Versammlung teilgenommen. In nicht allzu ferner Zukunft wird es wiederum eine große Konferenz unter dem Vorsitz Adams geben, bei der auch die Propheten des Alten Bundes und die Apostel aus neutestamentlicher Zeit anwesend sind. Während dieser Versammlung soll dem Teufel alle Macht genommen und sie Jesus Christus als dem rechtmäßigen Besitzer übereignet werden. Adam, der bis dahin die »Schlüsselgewalt« dieser Erde innehatte, muß seinem Vorgesetzten, Jesus Christus, Bericht erstatten. Dann übernimmt dieser selbst die Regierungsgeschäfte und wird von den in »Adam-ondi-Ahman« versammelten mormonischen Priestertumsträgern offiziell in sein Amt eingeführt[40].

Mormonisches Leben

Mit einem gewissen Stolz verweisen Mormonen auf Ergebnisse von Untersuchungen und Statistiken, wonach die Mitglieder ihrer Gemeinschaft zu den gesündesten Volksgruppen in den USA gehören. Sie hätten eine längere Lebenserwartung, seien widerstandsfähiger gegen Krankheiten und seelisch ausgeglichener als andere zivilisierte Menschen.

Dieses wird auf die Beachtung einer »Offenbarung« Joseph Smiths aus dem Jahre 1833 zurückgeführt, die als das »Wort der Weisheit« bekannt wurde[41]. Danach ist der Genuß von Alkohol verboten (»Starke Getränke sind nicht für den Bauch, sondern zum Waschen eures Körpers«); es darf nicht geraucht werden, und auch scharfe Getränke, wie Bohnenkaffee oder schwarzer Tee, werden als schädlich abgelehnt. Begründung: Der Körper ist den Mormonen heilig und wird als Tempel des göttlichen Geistes angesehen. Weil in der Auferstehung göttlicher Geist und menschlicher Körper gemeinsam hervorkommen werden, darf man die Gesundheit nicht schädigen oder schwächen.

Ähnliche Erfolge wie im Gesundheitswesen können auch auf dem Kultur- und Bildungssektor vorgewiesen werden. »Bildung« ist nämlich nach Ansicht der Mormonen nicht nur erstrebenswert, sondern »für den ewigen Fortschritt« sogar notwendig. »Niemand kann in Unwissenheit selig werden«, wurde 1843 »offenbart«[42], und so gibt es »Fortbildungsvereinigungen« und eigene Lehr- und Ausbildungsstätten, bis hin zur Brigham-Young-Universität in Provo/Utah, an der 1980 mehr als 25000 Studenten (auch Nichtmormonen) eingeschrieben waren.

Der Familie wird großes Gewicht beigemessen. An einem Abend in der Woche, gewöhnlich ist es der Montag, finden in der örtlichen Gemeinde keine Veranstaltungen statt, weil sich dann die Familie zum sog. »Heimabend« zusammenfindet; durch gemeinsames Lesen der Heiligen Schriften, durch Singen und gesellige Spiele soll das Verhältnis zwischen Eltern und Kindern gestärkt und vertieft werden. Die Zentrale in Salt

Lake City gibt in regelmäßigen Abständen einen »Familien-Leitfaden« heraus, um den Mitgliedern bei der Gestaltung ihrer Heimabende zu helfen.
Die Mormonen-Gemeinschaft pflegt eine optimistische, dem Diesseits zugewandte Religion, die sich an das Motto aus 2. Nephi 2,25 hält: »Menschen sind, daß sie Freude haben können.« Im Gegensatz zu anderen, weltverleugnenden Gruppen wird das Leben in mormonischen Gemeinden stark von Geselligkeit, Festen und Tanzveranstaltungen mitbestimmt. »Man würde nicht vermuten, daß es sich hier um kirchliche Veranstaltungen handelt. Der einzige Hinweis hierauf ist ein Anfangsgebet und die Tatsache, daß es keine alkoholischen Getränke gibt und nicht geraucht wird.«[43]
Überall in der Welt streben Mormonen ein besonders gutes Verhältnis zu ihren staatlichen Obrigkeiten an und nehmen auch häufig am politischen Leben teil. In Deutschland fällt das wegen der geringen Zahlen nicht ins Gewicht; in Amerika jedoch haben Mormonen zeitweilig sogar Ministerämter bekleidet. Ezra Taft Benson etwa, der gegenwärtige Präsident der »Zwölf Apostel«, war unter Eisenhower Landwirtschaftsminister. George Romney, Mormone und ehemaliger Gouverneur des Staates Michigan, hatte gegen Richard Nixon um die Präsidentschaftskandidatur der Republikaner gerungen. Auch im Staate Utah selbst engagieren sich viele Mormonen als Demokraten oder Republikaner und stehen sich dann im politischen Kampf gegenüber.

Mormonen in Deutschland

Nachdem einige Missionare die Lehre von der »wiederhergestellten Kirche« schon 1837 nach Großbritannien gebracht hatten, erreichte das Mormonentum 1850 auch das europäische Festland. Die Mission begann fast gleichzeitig in der Schweiz, in Italien und in Deutschland; hier durch »Apostel« John Taylor, der später (von 1880 bis 1887) als dritter Präsident der Mormonen-Gemeinschaft amtierte.

Am 15. September 1851 ließen sich die ersten beiden Deutschen in der Elbe mormonisch taufen. Aber auch nach fast 50jähriger Werbetätigkeit zählte die »Deutsche Mission« 1899 erst 1198 Mitglieder in 35 Gemeinden[44], wobei allerdings zu beachten ist, daß jedes Jahr eine Reihe von Neubekehrten nach Amerika ausgewandert war.
Von 1933 bis 1945 unterlag die Mission gewissen Beschränkungen und konnte erst nach dem Zweiten Weltkrieg wieder verstärkt werden. Heute [1984] bekennen sich in Deutschland rund 29000 Menschen zum Mormonismus, davon etwa 4500 in der DDR. Trotz größter missionarischer Aktivitäten wird seit einigen Jahren jedoch eine gewisse Stagnation des Mitgliederbestandes beobachtet.
Wenn die zahlenmäßigen und verwaltungstechnischen Voraussetzungen gegeben sind, bilden mehrere Gemeinden einen »Pfahl«, sonst eine »Mission«. Die Mormonen in der Bundesrepublik gehören zur Zeit zu neun ›Pfählen‹ (1983 weltweit 1431): Berlin, Hamburg, Hamburg-Nord, Hannover, Dortmund, Düsseldorf, Frankfurt, Stuttgart und München sowie zu vier Missionen (1983 weltweit 180): Hamburg, Düsseldorf, Frankfurt, München. An der Spitze stehen jeweils »Pfahl-« bzw. »Missionspräsidenten«, die durch »Ratgeber« in ihrem Amt unterstützt werden.
In regelmäßigen Abständen finden auf Pfahlebene Konferenzen statt, zu denen alle Gemeindeglieder eingeladen sind. Bisher wurden in der Bundesrepublik auch zwei sog. »Gebiets-Generalkonferenzen« unter Leitung der Ersten Präsidentschaft durchgeführt. Im August 1973 trafen sich über 12000 Mormonen aus Westeuropa in München, und im August 1976 kamen fast 10000 ›Heilige‹ aus den deutschsprachigen Ländern in Dortmund zusammen.
Seit dem 1. Juli 1984 weist die »Kirche Jesu Christi der Heiligen der Letzten Tage« eine neue geographische Verwaltungsstruktur auf. Die ganze Welt wurde in 13 »Hauptgebiete« eingeteilt, die jeweils einer aus drei Personen bestehenden »Gebietspräsidentschaft« unterstehen. Deren Aufgabe soll es sein, der Ersten Präsidentschaft und dem Kollegium der »Zwölf Apostel«

über den Aufbau der ›Kirche‹ zu berichten und die Angelegenheiten der ›Kirche‹ in ihrem Gebiet selbständig zu regeln. In den USA und Kanada gibt es sieben, in der übrigen Welt sechs neue Regionen. Das »Hauptgebiet Großbritannien, Kontinentaleuropa und Afrika« wird von Frankfurt/M. aus verwaltet.

Das offizielle Organ der deutschsprachigen Pfähle und Missionen ist ›Der Stern‹, eine Monatsschrift, die seit 1869 erscheint. Sie hat eine doppelte Ausrichtung: Einerseits dient sie den Mitgliedern zur Stärkung ihres Glaubens durch Botschaften der »Generalautoritäten« und Abhandlungen über die Lehre; andererseits kann sie auch zu Werbezwecken benutzt werden, da Berichte über mormonisches Leben und Informationen aus einzelnen Gemeinden inzwischen einen breiteren Raum einnehmen.

Zweiter Teil
Die geheimen Tempelrituale (Text)

Vorbemerkungen

Mormonen, die den für sie zuständigen Tempel besuchen, tun dies in der Absicht, an unterschiedlichen »heiligen Handlungen« teilzunehmen. Manche kommen nur, um sich für ihre Vorfahren taufen zu lassen oder bestimmte ›Siegelungen‹ zu empfangen. Der größte Teil der Besucher verbindet diese Aktivitäten jedoch, besonders wenn der Anreiseweg sehr lang ist, mit der Teilnahme an einem ›Endowment‹ für sich selbst oder für einen Verstorbenen. (Dieser von den Mormonen benutzte englische Begriff ›Endowment‹ soll auch in der deutschen Übersetzung der Tempelrituale und in deren späterer Kommentierung beibehalten werden, ebenso wie derjenige des ›Patron‹ = Tempelbesucher oder ›Endowee‹ = Teilnehmer am ›Endowment‹.) ›Endowment‹ bedeutet eigentlich ›Ausstattung‹ oder ›Begabung‹. Die Tempelbesucher werden also im Rahmen zeremonieller Handlungen mit gewissen Dingen »ausgestattet«, wozu ›Belehrungen‹, ›Gesetze‹ und geheime ›Zeichen‹ gehören.
Beim Betreten des Tempels zeigt jeder ›Patron‹ seinen Tempelempfehlungsschein vor, der von einem Türhüter geprüft wird. Danach gibt er den Schein in einem kleinen Raum ab, wo Büroangestellte, je einer für Männer und Frauen, die Registrierung vornehmen und einen Namensstreifen (name slip) ausstellen, mit dem Namen des ›Patron‹ und eventuell dem des Verstorbenen, für den die Handlungen vollzogen werden sollen. Es wird fast immer die Möglichkeit wahrgenommen, den Aufenthalt im Tempel mit einer kleinen Andacht in der Kapelle zu beginnen. Anschließend begeben sich die ›Patrons‹, nach Männern und Frauen getrennt, zu den Umkleideräumen, um sich für ihre jeweiligen Tempelaktivitäten fertigzumachen. Die zu Beginn des ›Endowments‹ erfolgenden ›Wa-

schungen‹ und ›Salbungen‹ werden von männlichen Tempelarbeitern an Männern und von weiblichen an Frauen vorgenommen.

An den verschiedenfarbigen Namensstreifen läßt sich erkennen, ob jemand zum ersten Mal im Tempel ist oder schon öfter hier war. Wenn letzteres zutrifft, brauchen Waschung, Salbung und Anlegen des Priestertumsgewandes nicht wiederholt zu werden, und der ›Patron‹ kann sich nach dem Empfang des ›Neuen Namens‹ direkt in den ›Endowment room‹ begeben.

(Redaktionelle Erläuterungen und Regie-Anweisungen erscheinen im folgenden Text in eckigen Klammern.)

I. Die Totentaufe

Die stellvertretende Taufe für Tote findet in einem geschmückten, von 12 Bronzeochsen in Originalgröße getragenen Taufbecken statt, das sich aus symbolischen Gründen meist im Untergeschoß des Tempels befindet. Der ›Patron‹ und der Amtierende sind mit schweren weißen Taufanzügen bekleidet. Während der Amtierende die Taufformel spricht, wird der ›Patron‹ vollständig untergetaucht; das Ganze geschieht im Beisein von zwei Zeugen.

Bruder (Schwester) ..., in Vollmacht taufe ich Sie für und anstelle von ..., der (die) tot ist, im Namen des Vaters und des Sohnes und des Heiligen Geistes. Amen.

Durch das sich unmittelbar anschließende Ritual der ›Confirmation‹ soll der (die) Tote als Mitglied der »Mormonen-Kirche« bestätigt werden und den Heiligen Geist empfangen. Die Handlung wird, gewöhnlich in der Nähe des Taufbeckens, unter Handauflegung von zwei Tempelarbeitern vollzogen, von denen einer die Formel spricht.

Bruder (Schwester) ..., im Namen Jesu Christi legen wir Ihnen die Hände auf für und anstelle von ..., der (die) tot ist, und bestätigen Sie als Mitglied der Kirche Jesu Christi der Heiligen der Letzten Tage und sagen zu Ihnen: Empfangen Sie den Heiligen Geist. Amen.

Wenn die Totentaufe für einen Mann stattfindet, wird auch noch dessen ›Ordination‹ zum Mitglied des »Melchizedekischen Priestertums« vollzogen. Zwei Tempelarbeiter legen die Hände auf, wobei einer die Formel spricht.

Bruder ..., in Vollmacht legen wir Ihnen die Hände auf, übertragen Ihnen das Melchizedekische Priestertum und ordinieren Sie zu einem Ältesten der Kirche Jesu Christi der Heiligen der

Letzten Tage für und anstelle von ..., der tot ist, und siegeln Sie mit jedweder Gnade, Gabe und Vollmacht, die zu diesem Amt im Heiligen Melchizedekischen Priestertum gehört, für ihn und an seiner Stelle, im Namen Jesu Christi. Amen.

II. Das Endowment

Abschnitt 1: Praktische Vorbereitung – Waschung, Salbung und Anlegen des Priestertumsgewandes.

In Vorbereitung auf diese Rituale zieht der ›Patron‹ alle Kleidungsstücke aus und legt sie in ein Schließfach. An ihrer Stelle streift er sich einen etwa 90 cm breiten und 2½ m langen Poncho (engl. shield) über, der die Seiten offenläßt. Anschließend nimmt er sein Priestertumsgewand (eine Art Hemdhose) sowie den Namensstreifen und begibt sich in den Waschungs- und Salbungsraum. Beim Betreten des ersten Abschnitts dieses Raumes nimmt ihm der Tempelarbeiter das Priestertumsgewand ab und hängt es über einen Handtuchhalter. Zu Beginn der in einer kleinen Kabine stattfindenden Handlung taucht der Tempelarbeiter seine rechte Hand in fließendes Wasser und beginnt den Körper des ›Patron‹ zeremoniell zu waschen. Während er die Formel rezitiert, berührt er jeden erwähnten Teil des Körpers mit seinen Fingern, wobei er unter den Poncho greift.

Waschung

Bruder (Schwester) …, bevor Sie Ihre Salbung empfangen, wasche ich Sie in Vollmacht (für und anstelle von [*Pause – der ›Patron‹ hält den Namensstreifen hoch, so daß der Tempelarbeiter ihn lesen kann, nennt den Namen des Verstorbenen, und der Tempelarbeiter wiederholt ihn*], der/die tot ist), damit Sie vom Blut und von den Sünden dieser Generation rein sein werden. Ich wasche Ihr Haupt, damit Ihr Verstand und Ihr Intellekt klar und aktiv seien; Ihre Ohren, damit sie das Wort des Herrn hören; Ihre Augen, damit sie klar sehen und zwischen Wahrheit und Irrtum unterscheiden mögen; Ihre Nase, damit sie riechen möge; Ihre Lippen, damit sie nichts Arglistiges aussprechen; Ihren Hals, damit er Ihren Kopf aufrecht erhalte; Ihre Schultern, damit sie die Lasten tragen mögen, die auf sie geladen werden sollen; Ihren Rücken, damit dort Mark in den Knochen und im Rückgrat sei; Ihre Brust, damit sie ein Gefäß reiner und tugendhafter Grundsätze sei; Ihre lebenswichtigen [inneren] Organe, damit sie gesund und stark seien und ihre Funktionen erfüllen; Ihre Arme und Hände, damit sie stark seien und das Schwert der Gerechtigkeit zur Verteidigung von Wahrheit und Tugend führen; Ihre Lenden, damit Sie fruchtbar seien, sich vermehren und die Erde füllen, um Freude an Ihrer Nachkommenschaft zu haben; Ihre Beine und Füße, damit Sie laufen und nicht müde werden, gehen und nicht matt werden mögen.

Die Waschung wird anschließend von zwei Tempelarbeitern durch Handauflegung bestätigt, wobei einer die Formel spricht.

Bruder (Schwester) ..., in Vollmacht legen wir Ihnen die Hände auf (für und anstelle von [*Pause – der ›Patron‹ und der Tempelarbeiter sprechen den Namen des Verstorbenen*], der/die tot ist) und versiegeln diese Waschung, damit Sie, aufgrund Ihrer Treue, rein werden vom Blut und von den Sünden dieser Generation, im Namen Jesu Christi. Amen.

Der ›Patron‹ begibt sich nun in einen anderen Teil des Raumes, wo er auf einer gekachelten, thronähnlichen Sitzgelegenheit Platz nimmt. Ein Tempelarbeiter träufelt ein paar Tropfen Öl aus einem Gefäß auf seine Hand und auf den Kopf des ›Patron‹ und beginnt dann dessen Körper zu salben, indem er seine Finger in das Öl taucht und damit die einzelnen Teile des Körpers berührt.

Salbung
Bruder (Schwester) ..., in Vollmacht gieße ich dieses heilige Salbungsöl auf Ihr Haupt (für und anstelle von [*Pause – der ›Patron‹ und der Tempelarbeiter nennen den Namen des Verstorbenen*], der/die tot ist) und salbe Sie in Vorbereitung darauf, daß Sie ein König und Priester (Königin und Priesterin) dem

Höchsten Gott werden, um einst im Hause Israel auf ewig zu herrschen und zu regieren. Ich salbe Ihr Haupt, damit Ihr Verstand und Ihr Intellekt klar und aktiv seien; Ihre Ohren, damit ...

[*Weiterer Text wie bei der Waschung*]. *Durch Handauflegen wird die Salbung von zwei Tempelarbeitern bestätigt; einer spricht die Formel.*

Bruder (Schwester) ..., in Vollmacht legen wir Ihnen die Hände auf (für und anstelle von [*Pause – ›Patron‹ und Tempelarbeiter nennen den Namen des Verstorbenen*], der/die tot ist) und bestätigen Ihnen diese Salbung, mit der Sie im Tempel unseres Gottes gesalbt worden sind, in Vorbereitung darauf, ein König und Priester (Königin und Priesterin) dem Höchsten Gott zu werden und einst im Hause Israel auf ewig zu herrschen und zu regieren; wir siegeln Sie mit allen dazugehörenden Segnungen, aufgrund Ihrer Treue, im Namen Jesu Christi. Amen.

Der ›Patron‹ betritt nun den dritten Teil des Raumes, um zeremoniell in das Priestertumsgewand gekleidet zu werden, das er hierher mitgebracht hat. Der Tempelarbeiter nimmt es in die Hände und hilft dem ›Patron‹, es unter den Poncho anzuziehen, wobei er die Formel spricht.

Anlegen des Priestertumsgewandes

Bruder (Schwester) ..., in Vollmacht lege ich Ihnen (für und anstelle von [*Pause – ›Patron‹ und Tempelarbeiter nennen den Namen des Verstorbenen*], der/die tot ist) dieses Gewand an, das Sie Ihr ganzes Leben lang tragen müssen. Es stellt das Gewand dar, das Adam gegeben wurde, als man im Garten Eden seine Nacktheit entdeckte; es wird das Gewand des Heiligen Priestertums genannt. Wenn Sie es nicht entweihen, sondern wahr und gläubig zu Ihren Bündnisverpflichtungen stehen, wird es Ihnen als Schild und Schutz dienen gegen die Macht des Zerstörers, bis Sie Ihre Aufgabe hier auf Erden erfüllt haben. Mit diesem Gewand gebe ich Ihnen einen Neuen Namen, den Sie nicht vergessen dürfen und stets heilig halten müssen und nie enthüllen dürfen, ausgenommen an einem Ort, der Ihnen später gezeigt werden wird. Der Name lautet »...«.

Jeder, ob Mann oder Frau, der an dem ›Endowment‹ teilnimmt, erhält den gleichen ›Neuen Namen‹, der jedoch von Tag zu Tag wechselt. Normalerweise werden die Namen der Bibel entnommen (Mose, Abraham, Joseph, Martha, Maria usw.), aber auch dem Buch Mormon. Wenn also z. B. für den Stichtag 7. April der Name ›Joseph‹ festgelegt wurde, erhalten alle diesen als den ›Neuen Namen‹. Eine Ausnahme bilden solche ›Patrons‹, die für einen Verstorbenen durch den Tempel gehen, dessen Vorname – oder auch ihr eigener – zufälligerweise schon mit dem ›Neuen Namen‹ identisch ist. Sie bekommen einen anderen Namen.
Die ›Patrons‹ gehen nun zu ihren Schließfächern zurück, legen den Poncho ab und ziehen bestimmte weiße Kleidungsstücke über das Priestertumsgewand. Die Männer: weißes Hemd, Hose, Gürtel, Krawatte, Socken und Mokassins. Die Frauen: Slip, Strumpfhose, langes Kleid und Mokassins. Sie nehmen ihren Namensstreifen und weitere Tempelkleidung, die an einer späteren Stelle des ›Endowments‹ angelegt wird, und begeben sich durch ein großes Foyer und über eine breite Treppe in den ›Endowment room‹ im ersten Stock. Hier werden Männer und Frauen von einem Tempelarbeiter getrennt und nehmen, Frauen zur Linken, Männer zur Rechten, auf Polstersesseln wie in einem Theater Platz.
In älteren Tempeln müssen die ›Patrons‹ noch, den einzelnen Abschnitten des ›Endowments‹ entsprechend, von Raum zu Raum wandern. In den modernen Tempeln bleiben sie für die etwa 90minütige Präsentation im selben Raum. Die erste Hälfte des ›Endowments‹ wird als Film dargeboten, nur unterbrochen von den Erklärungen der geheimen Erkennungszeichen, Namen, Gesten und Strafen, die, wie die ganze zweite Hälfte und ein kleiner Vorspann, vom Tonband kommen. Der Amtierende, der das gesamte ›Endowment‹ leitet,

macht dann jeweils pantomimische Bewegungen zu den Tonbanderklärungen.

Abschnitt 2: Praktische Erklärungen und Einleitung

[*Moderator I, vom Tonband*]: Brüder und Schwestern, wir heißen Sie im Tempel willkommen und hoffen, daß Sie Freude daran haben, heute im Hause des Herrn zu dienen. Diejenigen von Ihnen, die wegen ihres eigenen Endowments hier sind, und jene, die gelbe oder weiße Namensstreifen haben, sollten gewaschen, gesalbt und mit dem Gewand des Heiligen Priestertums gekleidet sein. Die Brüder mit dem gelben Namensstreifen sollten außerdem auch ordiniert sein. Die Riten des Waschens, Salbens und Kleidens mit dem Gewand des Heiligen Priestertums wurden, gemeinsam mit der Ordination anstelle der verstorbenen Brüder, schon vorher von anderen Stellvertretern durchgeführt für jene, deren Namen auf dem grünen oder goldenen Namensstreifen stehen.
Jeder von Ihnen sollte einen Neuen Namen bekommen haben. Wenn jemand von Ihnen den Neuen Namen vergessen oder die rituellen Handlungen noch nicht durchlaufen haben sollte, möge er sich erheben.

[*Pause*]. *Wenn sich ein ›Patron‹ vom Platz erhebt, wird er von einem Tempelarbeiter in den hinteren Teil des Raumes geführt, wo dieser ihm den Neuen Namen noch einmal ins Ohr flüstert. Er kehrt dann zu seinem Platz zurück, und die Vorstellung geht weiter.*

Seien Sie wachsam und bei der Sache; flüstern Sie nicht miteinander während des Endowments. Wenn Sie gebeten werden, sich zum Vorhang zu begeben, tun Sie das bitte geordnet, Reihe für Reihe. Sollten Sie, nachdem Sie durch den Vorhang hindurch in den Celestialen Raum und in andere Teile des Tempels gegangen sind, das Bedürfnis haben, miteinander zu sprechen, tun Sie das bitte im Flüsterton; Sie helfen uns damit, die stille Hochachtung zu bewahren, die im Hause des Herrn vorherrschen sollte. Wir fahren nun mit dem ›Endowment‹ fort.

[*Moderator II, vom Tonband*]: Brüder, Sie sind gewaschen und für rein erklärt worden, bzw. daß Sie durch Ihren Glauben vom Blut und von den Sünden dieser Generation rein werden können. Sie sind gesalbt worden, um einst Könige und Priester vor dem Höchsten Gott zu werden und im Haus Israel auf ewig zu herrschen und zu regieren.
Schwestern, Sie sind gewaschen und gesalbt worden, um Königinnen und Priesterinnen für Ihre Ehemänner zu werden. Brüder und Schwestern, wenn Sie wahrhaftig und treu sind, wird der Tag kommen, an dem Sie wirklich zu Königen und Königinnen, Priestern und Priesterinnen erwählt, berufen und gesalbt werden, wohingegen Sie jetzt erst gesalbt worden sind, so etwas werden zu können. Die Verwirklichung dieser Segnungen hängt von Ihrer Glaubenstreue ab.
Ihnen wurde ein Gewand angelegt, welches, wie man Ihnen sagte, das Gewand Adams darstellt, das er bekam, als er nackt im Garten Eden war, und das das Gewand des Heiligen Priestertums genannt wird. Man gab Ihnen die Anweisung, es während Ihres ganzen Lebens zu tragen, mit dem Hinweis, daß es ein Schutz und Schild für Sie sei, wenn Sie wahr und treu zu Ihren Bündnisverpflichtungen stehen. Ihnen ist ein Neuer Name gegeben worden, den Sie anweisungsgemäß weder verraten noch vergessen dürfen. Dieser Neue Name ist ein Kennwort, nach dem man Sie heute an einem bestimmten Ort im Tempel fragen wird. Das Endowment hat den Sinn, Sie für die Erhöhung in das Celestiale Reich vorzubereiten.
Wenn Sie nun weitermachen und Ihr volles Endowment bekommen, wird man von Ihnen verlangen, heilige Verpflichtungen zu übernehmen, deren Nichtbeachtung das Gericht Gottes auf Sie herabbringt; denn Gott läßt sich nicht spotten. Wer also jetzt lieber Abstand nehmen als die Verpflichtungen aus freiem Willen auf sich nehmen möchte, mag das durch Heben der Hand anzeigen [*Pause*].

Brüder und Schwestern, Sie werden jetzt die Stimmen von drei Personen hören, die Elohim, Jehova und Michael repräsentieren. Elohim gibt Jehova und Michael den Auftrag, hinunterzugehen und eine Welt zu formen. Das Werk der sechs schöpferischen Perioden wird dargestellt. Sie werden den Menschen nach ihrem eigenen Bildnis gestalten, als Mann und als Frau. Dieses ist jedoch, soweit es den Mann und die Frau betrifft, einfach sinnbildlich gemeint.

[Pause]. An dieser Stelle beginnt der Film. Ursprünglich geschah das ganze live mit Schauspielern auf der Bühne; heute benutzen fast alle Tempel die Filmversion. Während der Schöpfungssequenz werden Szenen und künstlerische Darstellungen gezeigt, die den Schöpfungsvorgang verbildlichen sollen. Man hört nur die Stimmen der betreffenden Akteure.

Abschnitt 3: Die Schöpfung

Erster Tag

Elohim Jehova, Michael, seht: Dort unten ist ungeordnete Materie. Geht hinunter und formt eine Welt, die gleich ist den Welten, die wir vorher schon geschaffen haben. Nennt eure Werke ›Erster Tag‹ und bringt mir einen Bericht.

Jehova So soll es geschehen, Elohim; komm Michael, laß uns hinuntergehen.

Michael Gehen wir, Jehova.

Jehova Michael, sieh: Hier ist ungeordnete Materie. Wir werden sie in eine Welt verwandeln, die gleich ist den Welten, die wir vorher schon geschaffen haben. Wir werden unsere Werke ›Erster Tag‹ nennen, zurückkehren und Bericht erstatten.

Michael Wir werden zurückkehren und von unseren Werken des Ersten Tages berichten, Jehova.

Jehova Elohim, wir sind unten gewesen, wie du es angeordnet hast, und haben eine Welt geformt, die den Welten gleich ist, die wir vorher schon geschaffen haben; und wir haben unsere Werke genannt ›Erster Tag‹.

Elohim Es ist gut.

Zweiter Tag
Elohim Jehova, Michael, geht wieder nach unten. Sammelt die Wasser und laßt das trockene Land hervorkommen. Die großen Wasser nennt ihr Meere, und das trockene Land nennt ihr Erde. Formt Berge und Hügel, große Ströme und kleine Flüsse, um das Antlitz der Erde zu verschönern und mit Vielfalt zu versehen. Wenn ihr das getan habt, nennt eure Werke ›Zweiter Tag‹ und bringt mir einen Bericht.
Jehova So soll es geschehen, Elohim. Komm, Michael, laß uns hinuntergehen.
Michael Gehen wir, Jehova.
Jehova Michael, wir sammeln die Wasser und lassen das trokkene Land hervorkommen. Die großen Wasser nennen wir ›Meere‹ und das trockene Land ›Erde‹. Wir formen Berge und Hügel, große Ströme und kleine Flüsse, um das Antlitz der Erde zu verschönern und mit Vielfalt zu versehen. Wir nennen unsere Werke ›Zweiter Tag‹, kehren zurück und erstatten Bericht.
Michael Kehren wir zurück und berichten von unseren Werken des ›Zweiten Tages‹, Jehova.
Jehova Elohim, wir sind unten gewesen, wie du es angeordnet hast. Wir haben die Wasser gesammelt ... Und wir haben unsere Werke genannt ›Zweiter Tag‹.
Elohim Es ist gut.

Dritter Tag
Elohim Jehova, Michael, kehrt wieder zur Erde zurück, die ihr geformt habt. Scheidet das Licht von der Dunkelheit. Nennt das Licht ›Tag‹ und die Dunkelheit ›Nacht‹. Laßt die Lichter am Firmament hervorkommen, das größere Licht, damit es am Tage herrsche, und das kleine Licht bei Nacht. Laßt auch die Sterne hervorkommen, um der Erde zu leuchten. Ganz so wie bei den Welten, die wir vorher schon geformt haben. Wenn ihr das alles getan habt, nennt eure Werke ›Dritter Tag‹, kommt zurück und erstattet Bericht.
Jehova So soll es geschehen, Elohim. Komm, Michael, laß uns nach unten gehen.

Michael Gehen wir, Jehova.
Jehova Michael, wir scheiden das Licht von der Dunkelheit. Wir nennen das Licht ›Tag‹ und ... Wir nennen unsere Werke ›Dritter Tag‹, kehren zurück und berichten.
Michael Kehren wir zurück und berichten von unseren Werken des Dritten Tages, Jehova.
Jehova Wir sind unten gewesen, wie du es angeordnet hast, und haben das Licht von der Dunkelheit geschieden. Das Licht haben wir ›Tag‹ genannt ... [*weiterer Text wie oben*].
Elohim Es ist gut.

Vierter Tag
Elohim Jehova, Michael, kehrt wieder zur Erde zurück, die ihr geformt habt. Pflanzt Setzlinge aller Arten in die Erde ...

›Elohim‹ fährt fort Anweisungen zu geben, wie die Erde mit Vegetation gefüllt werden soll. ›Jehova‹ und ›Michael‹ führen alles aus wie an den vorhergegangenen Tagen, nennen ihre Werke ›Vierter Tag‹ und berichten darüber.

Elohim Es ist gut.

Fünfter Tag
Elohim Jehova, Michael, kehrt wieder zur Erde zurück, die ihr geformt habt, und setzt wilde Tiere und alle Arten tierischen Lebens hinein; den Elefanten, den Löwen, den Tiger, den Bären, das Pferd, Rinder auf den Feldern und andere Arten von Tieren; Vögel in der Luft, Fische im Wasser und Insekten auf der Erde. Gebietet den wilden Tieren, den Vögeln, den Fischen, den Insekten, allem, was kriecht, und anderen Formen tierischen Lebens, sich in ihren Elementen zu vermehren, jedes nach seiner Art, und jeglicher Form von Vegetation sich zu vermehren in seinem Lebensbereich, damit jegliche Form des Lebens das Maß der Schöpfung erfüllt und daran Freude hat. Nennt eure Werke ›Fünfter Tag‹, kehrt zurück und erstattet Bericht.
Jehova So soll es geschehen. Komm, Michael laß uns nach unten gehen.

Michael Gehen wir, Jehova.
Jehova Michael, nun, nachdem die Erde geformt, eingeteilt und verschönt worden ist und Vegetation darauf wächst, wollen wir Tiere auf das Land setzen: den Elefanten, den Löwen, den Tiger ...

Alles geschieht – einschließlich der wortwörtlichen Wiederholungen und des Berichts bei Elohim – wie an den vorhergehenden Tagen.

Elohim Es ist gut.

Sechster Tag
Elohim Jehova, gibt es Menschen auf der Erde?
Jehova Nein, Menschen gibt es nicht auf der Erde, Elohim.
Elohim Jehova, Michael, dann laßt uns hinuntergehen und den Menschen formen, uns gleich und nach unserem Bilde, als Mann und als Frau; und laßt uns ihn mit Geist erfüllen und ihm die Herrschaft über die wilden Tiere, die Fische und die Vögel geben; er soll Herr über die Erde und alle Dinge auf der Erde werden. Wir werden für ihn einen Garten anlegen, jenseits von Eden, und ihn hineinsetzen, zum Hegen und Pflegen, damit er darin glücklich sei und Freude habe. Wir werden ihm gebieten, sich zu vermehren und die Erde zu füllen, damit er an seinen Nachkommen Freude habe. Wir werden vor ihm den Baum der Erkenntnis von Gut und Böse aufstellen; und wir werden Luzifer, unserem gemeinsamen Feind, den wir hinausgeworfen haben, erlauben, ihn zu versuchen, damit er aufgrund eigener Erfahrung das Gute vom Bösen unterscheiden kann. Wenn er der Versuchung nachgibt, geben wir ihm das Gesetz des Opfers, und wir werden ihm einen Erlöser verschaffen, wie wir es im Anfang beschlossen haben, damit der Mensch durch die Kraft der Erlösung und der Auferstehung zum Leben kommt, in unsere Gegenwart zurückkehrt und mit uns Anteil hat am ewigen Leben und an der Erhöhung. Wir werden dieses den ›Sechsten Tag‹ nennen und von unseren Werken für eine kurze Zeit ausruhen. Kommt, laßt uns hinuntergehen.

Jehova Laßt uns nach unten gehen, Elohim.

Im Film wechselt nun die Technik des ›voice-over‹ (nur die Stimmen der Akteure sind mit den Bildern kombiniert) zur Präsentation der Schauspieler selbst.

Elohim Jehova, sieh die Erde an, die wir geformt haben. Es existiert kein Mensch, sie zu beackern und sich um sie zu kümmern. Wir sind jetzt hier, um den Menschen zu bilden, uns gleich und nach unserem Bilde.
Jehova Das wollen wir tun, Elohim.

Adam wird nun (von den Schultern an aufwärts) im Zustand tiefer Bewußtlosigkeit gezeigt.

Elohim Jehova, der Mensch ist nun erschaffen, und wir werden ihn mit Geist erfüllen, mit dem Atem des Lebens, damit er eine lebendige Seele werde.

Adam beginnt nun, wie aus einem tiefen Schlaf zu erwachen.

Elohim Jehova, ist es gut für einen Mann, alleine zu sein?
Jehova Es ist für einen Mann nicht gut, allein zu sein, Elohim.
Elohim Wir werden einen tiefen Schlaf über diesen Mann kommen lassen und von seiner Seite eine Rippe nehmen, aus der wir eine Frau formen, eine Gefährtin und Hilfe für ihn.

Adam fällt in einen Zustand tiefer Bewußtlosigkeit zurück.

Erzähler Brüder und Schwestern, dies ist Michael, der mitgeholfen hat, die Erde zu formen. Wenn er von dem Schlaf erwacht, den Elohim und Jehova haben über ihn kommen lassen, wird man ihn als Adam erkennen, und, da er alles vergessen hat, wird er wie ein kleines Kind sein. Brüder, schließen Sie Ihre Augen, als ob Sie schlafen.
Elohim Adam, wach auf und erhebe dich.

Adam erwacht und erhebt sich (immer noch gezeigt von den Schultern an aufwärts).

Erzähler Alle Brüder mögen sich bitte erheben.

Die Männer stehen auf. Im Film betritt Eva die Szene hinter dem Blätterwerk des Gartens (gezeigt von den Schultern an aufwärts).

Elohim Adam, hier ist eine Frau, die wir geschaffen haben und die wir dir als Gefährtin und Hilfe geben. Wie wirst du sie nennen?
Adam Eva.

Elohim und Jehova werden nun gegen den Hintergrund in die Luft erhoben dargestellt, beide gleich aussehend: glänzende, weiße Personen mit langen weißen Bärten, weißem Haar und langen weißen Gewändern. Adam und Eva zeigen sich, hinter dem Blätterwerk des Gartens, von den Schultern an aufwärts.

Elohim Warum willst du sie Eva nennen?
Adam Weil sie die Mutter alles Lebendigen ist.
Elohim Das ist richtig, Adam, weil sie wirklich die Mutter alles Lebendigen ist. Adam, wir haben für dich diese Erde gestaltet und einen Garten angelegt, jenseits von Eden. Wir werden dich in den Garten setzen und dir und Eva gebieten, euch zu mehren und die Erde zu füllen, daß ihr Freude habt und euch eurer Nachkommenschaft erfreut. Jehova, führe Adam in den Garten, den wir für ihn vorbereitet haben.
Jehova So geschehe es, Elohim.
Erzähler Wir gehen nun mit Adam und Eva in den Garten. Die Brüder mögen sich wieder setzen.

Alle Männer setzen sich.

Abschnitt 4: Der Garten Eden

Elohim Adam, wir haben für dich diese Erde geschaffen und haben alle Arten von Pflanzen und Tieren hineingesetzt. Wir haben ihnen geboten, sich in ihren eigenen Lebensräumen und Elementen zu vermehren. Wir geben dir die Herrschaft über alles und machen dich zum Herrn über die ganze Erde und alles, was darauf ist. Wir gebieten nun dir und Eva, euch zu mehren und die Erde zu füllen, daß ihr Freude habt und euch eurer Nachkommenschaft erfreut. Wir haben für euch auch diesen Garten angelegt, mit aller Art von Früchten, Blumen und Vegetation. Von jedem Baum des Gartens mögt ihr ungehindert essen, aber vom Baum der Erkenntnis von Gut und Böse sollt ihr nicht essen; dennoch, die Entscheidung liegt bei euch, denn er ist euch gegeben worden. Bedenkt aber, daß ich es verboten habe, denn an dem Tag, da ihr davon esset, werdet ihr gewißlich sterben.
Adam, merke dir dieses Gebot, das wir dir gegeben haben. Nun geh, um den Garten zu bearbeiten und für ihn Sorge zu tragen; sei glücklich und habe an ihm Freude. Wir ziehen uns jetzt zurück, aber wir werden noch einmal zu dir kommen und dir weitere Anweisungen erteilen.
Luzifer [*trägt ein wehendes, blutrotes Samtgewand mit langem Rock und Schurz darunter*] Na, Adam, du hast hier ja eine neue Welt.
Adam [*verwirrt*] Eine neue Welt?
Luzifer Ja, eine neue Welt, nach dem Muster der alten Welt, wo wir vorher gelebt haben.
Adam [*unschuldig*] Ich weiß nichts von irgendeiner anderen Welt.
Luziger [*fromm*] Oh, ich sehe, deine Augen sind noch nicht geöffnet. Du hast alles vergessen. Du mußt ein bißchen von der Frucht dieses Baumes essen.

Er begibt sich zum Baum der Erkenntnis von Gut und Böse, pflückt zwei reife Früchte ab, die Äpfeln ähneln, geht zu Adam und hält sie ihm hin.

Adam, hier ist etwas von der Frucht jenes Baumes. Es wird dich wissend machen.

Adam [*trotzig*] Ich werde von der Frucht nichts nehmen. Vater sagte mir, daß ich an dem Tag, da ich davon etwas nähme, sicherlich sterben würde.

Luzifer [*überredend*] Du wirst ganz gewiß nicht sterben, sondern wie die Götter werden, weil du Gut und Böse kennst.

Adam [*entschlossen*] Ich werde nichts davon nehmen.

Luzifer [*gewitzt*] Oh, du willst nicht?

Sieht zu Eva und zeigt ein weises Grinsen.

Nun, wir werden sehen.

Er begibt sich hinüber zu Eva, die gerade die Blumen bewundert.

Eva, hier ist etwas von der Frucht jenes Baumes.

Er hält ihr die Frucht hin.

Sie wird dich wissend machen. Sie ist sehr köstlich im Geschmack.

Eva [*überrascht*] Wer bist du denn?

Luzifer [*sanft*] Ich bin dein Bruder.

Eva [*forschend*] Du, mein Bruder, und bist gekommen, um mich zu überreden, Vater ungehorsam zu sein?

Luzifer [*überredend*] Ich habe nichts über Vater gesagt. Ich möchte, daß ihr von der Frucht des Baumes der Erkenntnis von Gut und Böse esset, damit eure Augen geöffnet werden, denn auf diese Weise hat auch Vater sein Wissen erlangt. Ihr müßt von dieser Frucht essen, um zu begreifen, daß jedes Ding sein Gegenteil hat: Gut und Böse, Tugend und Laster, Licht und Dunkelheit, Gesundheit und Krankheit, Freude und Schmerz; auf diese Weise werden eure Augen geöffnet, und ihr werdet ›Wissen‹ haben.

Eva [*traurig*] Gibt es keine andere Möglichkeit?

Luzifer [*vertraulich*] Es gibt keinen anderen Weg.
Eva [*resignierend*] Dann werde ich etwas davon nehmen.

Eva nimmt die Frucht mit dramatischer Geste von Luzifer und beißt ein Stück davon ab.

Luzifer [*grinst selbstzufrieden*] So, nun geh und laß Adam etwas davon nehmen.

Er legt eine weitere Frucht in Evas Hand, schließt und tätschelt sie; Eva geht zu Adam hinüber.

Eva [*süß und überredend*] Adam, hier ist etwas von der Frucht von jenem Baum. Sie ist sehr köstlich im Geschmack.
Adam [*überrascht*] Eva, weißt du eigentlich, was das für eine Frucht ist?
Eva [*wissend*] Ja, es ist die Frucht des Baumes der Erkenntnis von Gut und Böse.
Adam [*besorgt*] Ich kann davon nichts nehmen. Weißt du, daß Vater uns geboten hat, von der Frucht jenes Baumes nichts zu nehmen?
Eva [*forschend*] Hast du wirklich vor, allen Geboten Vaters zu gehorchen?
Adam [*resolut*] Ja, allen.
Eva [*mitleiderweckend*] Erinnerst du dich nicht mehr, daß Vater geboten hat, wir sollten uns mehren und die Erde füllen? Ich habe von der Frucht genommen und werde deshalb hinausgeworfen, und du wirst als einsamer Mann im Garten Eden zurückbleiben.
Adam [*resignierend*] Eva, ich sehe, daß es wohl geschehen muß. Ich werde etwas davon nehmen, auf daß Menschen sein werden.

Luzifer tritt auf.

Luzifer So ist es richtig.
Eva [*philosophisch*] Wir müssen durch Ungemach hindurch, damit wir das Gute vom Bösen unterscheiden können.

Eva wendet sich verächtlich an Luzifer.

Jetzt weiß ich, wer du bist. Du bist Luzifer, den Vater wegen Rebellion aus seiner Nähe verstoßen hat.
Luzifer [*weise*] Ja, du beginnst schon, klar zu sehen.
Adam [*forschend*] Was ist das für ein Schurz, den du da anhast?
Luzifer [*hochmütig*] Es ist ein Zeichen meiner Macht und meines Priestertums.
Adam [*belustigt*] Priestertum?
Luzifer [*nachdrücklich*] Ja, Priestertum.
Adam [*ruhig*] Ich warte darauf, daß Vater herunterkommt, um uns weitere Anweisungen zu erteilen.
Luzifer [*hochmütig*] Oh, du wartest auf das Herunterkommen von Vater, nicht wahr?

Man hört die Stimme Elohims aus weiter Entfernung.

Elohim Jehova, wir haben Adam versprochen, ihn zu besuchen und ihm weitere Anweisungen zu geben. Komm, laß uns hinuntergehen.
Jehova Gehen wir hinunter, Elohim.
Adam [*aufgeregt*] Ich höre ihre Stimmen; sie kommen.
Luzifer [*aufgeregt und hinterhältig*] Sieh doch, du bist nackt. Nimm einige Feigenblätter und macht euch Schurze. Vater wird eure Nacktheit sehen. Schnell! Versteckt euch!
Adam [*alarmiert*] Komm, verstecken wir uns!
Erzähler Brüder und Schwestern, legen Sie Ihre Schurze an.

Der Film wird angehalten; alle ›Patrons‹ im Zuschauerraum nehmen jetzt aus den Bündeln ihrer Tempelkleidung die hellgrünen, mit neun Feigenblättern bestickten Satin-Schurze und binden sie sich um die Hüften.

Elohim Adam ... Adam! Adam!! Wo bist du?
Adam [*zitternd*] Ich habe deine Stimme gehört und mich versteckt, weil ich nackt war.

Elohim [*forschend*] Wer hat dir gesagt, daß du nackt warst? Hast du von der Frucht des Baumes der Erkenntnis von Gut und Böse genommen, wovon wir dir geboten haben nicht zu nehmen?
Adam [*beschämt*] Die Frau, die du mir gegeben hast und die nach deinem Gebot bei mir bleiben sollte, sie hat mir von der Frucht des Baumes gegeben und ich habe gegessen.
Elohim [*streng*] Eva, was hast du getan?
Eva [*beschämt*] Die Schlange hat mich verführt, und ich habe gegessen.
Elohim [*ärgerlich*] Luzifer, was hast du denn hier die ganze Zeit gemacht?
Luzifer [*hochmütig*] Ich habe das getan, was auch in anderen Welten getan wurde.
Elohim Und was ist das?
Luzifer [*hochmütig*] Ich habe ihnen etwas von der Frucht des Baumes der Erkenntnis von Gut und Böse gegeben.
Elohim [*richtend*] Luzifer, weil du das getan hast, sollst du verflucht sein von allen Tieren auf dem Felde. Auf deinem Bauche sollst du kriechen und Staub fressen alle Tage deines Lebens.
Luzifer [*frech*] Wenn du mich dafür verfluchst, daß ich das gleiche getan habe, was auch in anderen Welten geschah, werde ich die Geister mitnehmen, die mir folgen und sie werden von den Körpern Besitz ergreifen, die du für Adam und Eva erschaffen hast.
Elohim Ich werde Feindschaft setzen zwischen dir und den Nachkommen der Frau. Du sollst Macht haben, ihre Ferse zu zerquetschen, aber sie sollen Macht haben, deinen Kopf zu zertreten.
Luzifer [*heftig*] Nun gut, dann werde ich mit jener Feindschaft auch die Schätze der Erde mit mir nehmen; und mit Gold und Silber werde ich Armeen und Flotten, Päpste und Priester kaufen und diese Erde mit Blut und Terror regieren.
Elohim [*gebieterisch*] Fort mit dir!

Luzifer wendet sich ab und verläßt die Szene. Elohim dreht sich zu Jehova.

Elohim Jehova, laß die Cherubim und ein flammendes Schwert den Weg zum Baum des Lebens bewachen, damit Adam nicht seine Hand ausstrecke, etwas von dessen Frucht nehme und auf ewig in seinen Sünden lebe.
Jehova So soll es geschehen, Elohim.

Er dreht sich um, gibt die Anweisung mit den gleichen Worten weiter und meldet Elohim den Vollzug.

Elohim [*richtend*] Eva, weil du auf die Stimme Satans gehört, von der verbotenen Frucht genommen und auch Adam davon gegeben hast, werde ich deine Pein vervielfachen; in Schmerzen sollst du Kinder hervorbringen. Trotzdem aber sollst du beim Gebären beschützt bleiben. Dein Verlangen soll auf deinen Mann gerichtet sein, und er soll in Rechtschaffenheit über dich herrschen.
Adam, weil du auf die Stimme deines Weibes gehört und von der verbotenen Frucht genommen hast, soll der Erdboden um deinetwillen verflucht sein. Anstatt Früchte und Blumen zwanglos wachsen zu lassen, soll er Dornen und Disteln, Dornenbüsche und giftiges Unkraut hervorbringen, um die Menschen zu quälen. Und im Schweiße deines Angesichts sollst du dein Brot essen, alle Tage deines Lebens; denn Staub bist du, und zu Staub sollst du wieder werden.

Abschnitt 5: Das Gesetz des Gehorsams

Elohim [*leutselig*] Eva war die erste, die von der verbotenen Frucht aß; wenn sie jedoch gelobt, von nun an deinem Gesetz in dem Herrn zu gehorchen und auf deinen Rat zu hören, wie du auf meinen hörst, und wenn du gelobst, daß du von nun an dem Gesetz Elohims gehorchst, werden wir euch das Gesetz des Gehorsams und das des Opfers geben, und wir werden euch einen Erlöser verschaffen, wodurch ihr in unsere Gegenwart zurückkommen könnt, um mit uns am ewigen Leben und an der Erhöhung teilzuhaben.

Eva [*demütig*] Adam, ich gelobe, deinem Gesetz zu gehorchen, wie du unserem Vater gehorchst.
Adam [*demütig*] Elohim, ich gelobe dir, von jetzt ab deinem Gesetz zu gehorchen und deine Gebote zu halten.
Elohim Es ist gut, Adam; Jehova, da Adam und Eva ihre Nacktheit entdeckt haben, mache ihnen Kleidung aus Fellen, um sie zu bedecken.
Jehova Es soll geschehen, Elohim.

Der Film wird hier angehalten und die Beleuchtung eingeschaltet. Ein Tonband beginnt zu laufen.

Erzähler Brüder und Schwestern, das Gewand, das Ihnen im Raum der Waschung angelegt wurde, soll Ihre Nacktheit bedecken und stellt die Fellkleidung dar, von der die Rede war. Seinerzeit wurde es aus Fellen gemacht. Sie haben das Gewand erhalten und auch Ihren Neuen Namen. Der Amtierende am Altar repräsentiert Elohim. Ein Ehepaar wird nun zum Altar kommen.

Ein vorher dazu bestimmtes ›Zeugen-Paar‹ (›Witness-couple‹), das in der ersten Reihe am Mittelgang gesessen hat, kommt nun nach vorne, kniet am Altar nieder und blickt geradeaus. Der Amtierende steht hinter dem Altar und macht pantomimische Gesten zum laufenden Tonband.

Erzähler Brüder und Schwestern, dieses Ehepaar am Altar repräsentiert Sie alle, so als ob Sie jetzt am Altar wären. Sie müssen sich vorstellen, daß Sie jetzt Adam bzw. Eva wären.
Elohim Wir werden die Schwestern jetzt in die Pflicht nehmen, den Gesetzen ihrer Männer zu gehorchen. Schwestern, erheben Sie sich.

Alle Frauen stehen auf.

Jede von Ihnen möge den rechten Arm anwinkeln (bring the right arm to the square).

Die Frauen tun es.

Jede von Ihnen verpflichtet sich und verspricht feierlich vor Gott, den Engeln und diesen Augenzeugen am Altar, daß jede von Ihnen das Gesetz ihres Mannes beachten und halten und in Rechtschaffenheit treu zu seinem Ratschlag stehen wird. Jede von Ihnen neige das Haupt und sage ›ja‹.
Frauen Ja.
Elohim Das genügt.

Die Frauen setzen sich

Brüder erheben Sie sich.

Alle Männer stehen auf.

Winkeln Sie Ihren rechten Arm an.

Die Männer tun es.

Jeder von Ihnen verpflichtet sich und verspricht feierlich vor Gott, den Engeln und diesen Augenzeugen am Altar, daß Sie dem Gesetz Gottes gehorchen und Seine Gebote halten werden. Jeder von Ihnen neige sein Haupt und sage ›ja‹.
Männer Ja.
Elohim Das genügt.

Die Männer setzen sich.

Abschnitt 6: Das Gesetz des Opfers

Elohim Sie sollen nun in die Pflicht genommen werden, dem Gesetz des Opfers zu gehorchen, so wie es im Alten und Neuen Testament niedergelegt ist. Dieses Gesetz des Opfers wurde Adam im Garten Eden gegeben, der, nachdem er aus dem Garten vertrieben worden war, einen Altar baute und Opfer dar-

brachte. Nach vielen Tagen erschien ein Engel des Herrn bei Adam und fragte: »Warum bringst du dem Herrn Opfer dar?« Und Adam antwortete ihm: »Ich weiß es nicht, außer daß der Herr es mir geboten hat.« Daraufhin sprach der Engel: »Dieses ist ein Gleichnis für das Opfer des Eingeborenen Sohnes, das der Vater gebracht hat, der voll der Gnade und der Wahrheit ist. Deshalb, alles was du tust, sollst du im Namen des Sohnes tun; und du sollst Buße tun und dich im Namen des Sohnes an Gott wenden immerdar.« Die Nachkommenschaft Adams bis auf Mose und von Mose bis auf Jesus Christus opferten die ersten Früchte des Feldes und die Erstlinge der Herde; das ging weiter bis zum Tode Jesu Christi, wodurch das Opfer durch Blutvergießen beendet wurde.
Und so wie Jesus Christus sein Leben für die Erlösung der Menschheit gegeben hat, so sollten wir uns verpflichten, alles zu opfern, was wir besitzen, sogar unser eigenes Leben, falls es nötig sein sollte, um das Reich Gottes zu erhalten und zu verteidigen.
Alle mögen sich bitte erheben.

Die ›Patrons‹ stehen auf.

Jeder von Ihnen möge seinen rechten Arm anwinkeln.

Alle ›Patrons‹ heben den angewinkelten rechten Arm.

Jeder von Ihnen verpflichte sich und verspreche feierlich vor Gott, den Engeln und diesen Augenzeugen am Altar, daß Sie das im Alten und Neuen Testament enthaltene Gesetz des Opfers beachten und halten werden, wie es Ihnen erklärt wurde. Jeder von Ihnen neige den Kopf und sage ›ja‹.
Alle Patrons Ja.
Elohim Das genügt.

Die ›Patrons‹ setzen sich.

Abschnitt 7: Das Erste Erkennungszeichen des Aaronischen Priestertums (First Token of the Aaronic Priesthood)

Elohim Wir geben Ihnen jetzt das Erste Erkennungszeichen des Aaronischen Priestertums mit dem dazugehörigen Namen, der Geste und der Strafe. Zuvor jedoch möchten wir Ihnen ausdrücklich den heiligen Charakter des Ersten Erkennungszeichens des Aaronischen Priestertums samt dem dazugehörigen Namen, der Geste und der Strafe vor Augen halten, genauso wie denjenigen aller anderen Erkennungszeichen des Heiligen Priestertums mit den dazugehörigen Namen, Gesten und Strafen, die Sie heute im Tempel erhalten werden. Diese sind im höchsten Maße heilig und werden durch feierliche Verpflichtungen zur Geheimhaltung gesichert, so daß Sie sie unter keiner Bedingung, nicht einmal unter Lebensgefahr, verraten werden, außer an einem bestimmten Ort, der Ihnen später gezeigt wird. Wie die Ausführung der Strafen dargestellt wird, zeigt die verschiedenen Möglichkeiten, durch die man das Leben verlieren kann.
Das Erste Erkennungszeichen des Aaronischen Priestertums: Die rechten Hände zusammenlegen und das Daumengelenk direkt auf den ersten Knöchel der (anderen) Hand drücken; in dieser Weise.

Der Amtierende nimmt den männlichen Zeugen, der am Altar kniet und Adam verkörpert, bei der rechten Hand und macht den Griff für die Zuschauer vor.

Wir geben Ihnen das Erste Erkennungszeichen des Aaronischen Priestertums. Wir wünschen, daß es jeder bekommt. Alle mögen sich erheben.

Die ›Patrons‹ stehen an ihren Plätzen. Das Zeugen-Paar kehrt zu seinem Sitz zurück. Mehrere Tempelarbeiter gehen durch die Reihen der ›Patrons‹ und geben jedem den Griff. Wer ihn erhalten hat, setzt sich wieder.

Wenn jemand von Ihnen das Zeichen noch nicht bekommen hat, möge er seine Hand heben. [*Pause*]. Der Name des Zeichens ist der Neue Name, den Sie heute im Tempel erhalten haben. Wenn jemand von Ihnen den Namen vergessen hat, möge er bitte aufstehen. [*Pause*]. Die Geste wird gemacht, indem man den rechten Arm hochhebt und anwinkelt, die Handfläche nach vorne, die Finger zusammen und den Daumen abstehend.

Der Amtierende macht die Geste für die Zuschauer vor.

Dieses ist die Geste.

Der Amtierende fährt mit der Demonstration fort.

Die Strafe wird zeichenhaft durchgeführt, indem man den Daumen unter das linke Ohr hält, die Handfläche nach unten, dann sehr schnell mit dem Daumen über die Kehle zum rechten Ohr zieht und die Hand zur Seite fallen läßt. Ich werde Ihnen nun die Verpflichtungen zur Geheimhaltung erklären, die zu diesem Erkennungszeichen, seinem Namen, seiner Geste und seiner Strafe gehören und die Sie auf sich nehmen müssen. Wenn ich heute mein eigenes Endowment bekäme und wenn mir ›John‹ als mein Neuer Name gegeben worden wäre, würde ich im stillen diese Worte wiederholen und dabei die Geste ausführen, die ja gleichzeitig die Ausführung der Strafe bedeutet.
Ich, John, verpflichte mich, das Erste Erkennungszeichen des Aaronischen Priestertums samt Namen, Geste und Strafe nicht zu enthüllen. Lieber würde ich erdulden [*Pause – rechter Daumen unter linkes Ohr*], daß ich mein Leben verliere [*Pause – zieht den Daumen schnell über die Kehle zum rechten Ohr und läßt die Hände an den Seiten fallen*].
Alle mögen sich erheben.

Die ›Patrons‹ stehen auf.

Jeder von Ihnen möge die Geste des Ersten Erkennungszeichens des Aaronischen Priestertums machen, indem er den rechten Arm anwinkelt, die Handfläche nach vorne, die Finger zusammen und den Daumen abstehend.

Alle ›Patrons‹ machen die Geste.

Dies ist die Geste.
Nun sprechen Sie mir im stillen die Worte der Verpflichtung nach, mit gleichzeitiger Ausführung der Strafe.
Ich, ... (denken Sie an den Neuen Namen), verpflichte mich, das Erste Erkennungszeichen des Aaronischen Priestertums samt Namen, Geste und Strafe nicht zu enthüllen. Lieber würde ich erdulden, daß ich mein Leben verliere.

Alle ›Patrons‹ legen die Daumen unter das linke Ohr, ziehen sie schnell über die Kehle zum rechten Ohr und lassen die Hände zur Seite fallen.

Das genügt.

Die ›Patrons‹ setzen sich. Wenn auch nur einer der ›Patrons‹ bei der zeichenhaften Ausführung der Strafe einen Fehler macht, muß diese von allen ›Patrons‹ noch einmal wiederholt werden.

Jehova, sorge dafür, daß Adam aus diesem herrlichen Garten hinausgetrieben wird in die einsame und öde Welt, wo er aus eigener Erfahrung zwischen Gut und Böse unterscheiden lerne.
Jehova Es soll geschehen, Elohim.

Die Beleuchtung erlischt, und der Film läuft weiter.

Abschnitt 8: Die einsame und öde Welt (1)

Erzähler Wir wollen nun mit Adam und Eva in die einsame und öde Welt hinausgehen. Brüder und Schwestern, sie stellt das Telestiale Reich dar, oder die Welt, in der wir jetzt leben. Als sich Adam in der einsamen und öden Welt wiederfand, baute er einen Altar und brachte ein Gebet als Opfer dar; dieses sind die Worte, die er sprach:

Adam kniet an einem Haufen aufgerichteter Steine, die einen Altar bilden, und blickt mit erhobenen Händen zum Himmel.

Adam Oh, Gott, höre die Worte meines Mundes;
Oh, Gott, höre die Worte meines Mundes;
Oh, Gott, höre die Worte meines Mundes.
Luzifer [*hochmütig, aus dem Hintergrund*] Ich höre dich.

Die Kamera schwenkt nach links, um den hochragenden, arroganten, farbenprächtigen Luzifer zu zeigen; Luzifer geht zu Adam hinüber.

Was willst du?
Adam [*überrascht*] Wer bist du denn?
Luzifer [*hochmütig*] Ich bin der Gott dieser Welt.
Adam [*unsicher, fragend*] Du, der Gott dieser Welt?
Luzifer Ja, was willst du?
Adam Ich warte auf Boten.
Luzifer [*grinst*] Oh, du möchtest, daß dir jemand predigt. Du möchtest Religion, nicht wahr? Ich besorge augenblicklich einen Prediger.

Luzifer dreht sich um und blickt nach links. Die Kamera schwenkt zu einer sich nähernden Gestalt, bekleidet mit einem dunkelblauen, geistlichen Gewand und einem priesterlichen Collar. Die Gestalt geht auf Luzifer zu.

Guten Morgen, Sir.
Prediger [*weise*] Guten Morgen!

Er blickt auf die Zuschauer.

Eine nette Versammlung.
Luzifer [*fest*] Ja, das sind wirklich gute Leute. Sie beschäftigen sich mit Religion. Bist du ein Prediger?
Prediger [*stolz, mit Betonung*] Bin ich!
Luzifer [*forschend*] Bist du auf einem College gewesen und hast dort die Ausbildung für das geistliche Amt erhalten?
Prediger [*stolz, mit Betonung*] Natürlich! Niemand kann predigen ohne Ausbildung für das geistliche Amt.
Luzifer Predigst du die rechtgläubige Religion?
Prediger [*stolz*] Ja, das tue ich.
Luzifer [*fromm*] Wenn du deine rechtgläubige Religion diesen Leuten predigst und sie bekehrst, werde ich dich gut bezahlen.
Prediger [*begeistert*] Ich werde mein Bestes tun.

Luzifer blickt und zeigt zu Adam und Eva hin.

Luzifer Hier ist jemand, der Religion wünscht. Er ist sehr geübt und scheint ernsthaft zu sein.

Luzifer tritt zurück, und der Prediger geht auf Adam und Eva zu.

Prediger [*gebieterisch*] Wie ich höre, sucht ihr nach Religion.
Adam [*ehrerbietig*] Ich hatte mich an Vater gewandt.
Prediger [*lebhaft, gestikulierend*] Ich freue mich, zu erfahren, daß ihr euch an Vater gewandt habt. Glaubt ihr aber an einen Gott, der ohne Körper, Begabungen und Leidenschaften ist? Der auf einem in die Wolken ragenden Thron sitzt? Dessen Mittelpunkt überall und dessen Peripherie nirgends ist? Der das Universum ausfüllt, und doch so klein ist, um in deinem Herzen zu wohnen? Der umgeben ist von Myriaden von Wesen, die durch Gnade erlöst worden sind und nicht aufgrund ihrer eigenen Anstrengungen, also nur durch sein reines Vergnügen? Glaubst du an dieses große Wesen?

Adam [*leidenschaftlich*] Nein, das tue ich nicht. Ich kann solch ein Wesen nicht begreifen.
Prediger [*nachdenklich*] Das ist schön. Vielleicht glaubst du auch nicht an den Teufel und an jene große Hölle, das bodenlose Loch, wo es einen See von Feuer und Schwefel gibt, in den die Bösen hineingeworfen werden, wo sie ständig brennen, aber nicht verbrennen?
Adam [*leidenschaftlich*] An einen solchen Ort glaube ich nicht.
Prediger [*vorwurfsvoll*] Mein lieber Freund, du tust mir leid.
Luzifer [*ärgerlich*] Es tut mir leid, sehr leid. Was willst du denn eigentlich?
Adam [*aufrichtig*] Ich halte Ausschau nach dem Boten meines Vaters.

Die Szene verändert sich und gibt einen schwebenden Blick auf einen riesigen, herrlichen Thron frei, der von einem Halbkreis aufragender griechischer Säulen, breiten Stufen und himmlischer Herrlichkeit umgeben ist. Elohim erhebt sich majestätisch über Jehova; beide haben aber das gleiche Aussehen wie in der Garten Eden-Szene.

Abschnitt 9: Zwischenszene

Elohim Jehova, schicke Petrus, Jakobus und Johannes nach unten, damit sie den Menschen Adam in der telestialen Welt besuchen, ohne jedoch ihre wahre Identität zu enthüllen. Laß sie die Lage ganz allgemein beobachten und nachsehen, ob Satan dort ist, und herausfinden, ob Adam das Erkennungszeichen und die Geste treu bewahrt hat, die im Garten Eden gegeben wurden. Laß sie danach zurückkehren und mir Bericht erstatten.
Jehova [*unterwürfig*] Es soll geschehen, Elohim.

Jehova wendet sich um und geht aus der Nähe Elohims zur Ecke der großen Säulenanlage. Dort betreten Petrus, Jakobus und Johannes inmitten von Wolken aus Bühnenrauch ehrerbietig die Szene. Die drei tragen lange Gewänder wie Schafhirten und pastellfarbene Schärpen.

Petrus, Jakobus und Johannes, geht hinunter und besucht den Menschen Adam in der telestialen Welt, ohne jedoch eure Identität zu enthüllen. Beobachtet die Lage ganz allgemein. Seht, ob Satan da ist, und findet heraus, ob Adam das Zeichen und die Geste treu bewahrt hat, die ihm im Garten Eden gegeben wurden. Dann kehrt zurück und erstattet uns Bericht.
Petrus [*ehrerbietig*] Das soll geschehen. Kommt, Jakobus und Johannes, laßt uns nach unten gehen.
Jakobus [*ehrerbietig*] Gehen wir.
Johannes Gehen wir.

Alle drei wenden sich um und verlassen die Szene im Gänsemarsch, Petrus voran. Es wird zurückgeblendet zur verlassenen und öden Welt. Petrus, Jakobus und Johannes tauchen auf, Petrus voran, und nähern sich Luzifer, der sich ihnen zuwendet.

Abschnitt 10: Die einsame und öde Welt (2)

Petrus Guten Morgen.
Luzifer Guten Morgen.
Petrus [*fest*] Was machst du denn hier?
Luzifer [*fromm*] Ich lehre Religion.
Petrus [*forschend*] Was für eine Religion lehrst du denn?
Luzifer [*stolz*] Wir lehren eine Religion, die aus den Philosophien der Menschen besteht, vermischt mit der Heiligen Schrift.
Petrus Wie wird deine Religion von dieser Gemeinschaft angenommen?
Luzifer Sehr gut – mit Ausnahme dieses Mannes.

Luzifer zeigt auf Adam.

Er scheint nichts von dem zu glauben, was wir predigen.

Petrus, Jakobus und Johannes wenden sich um und gehen zu Adam und Eva hinüber.

Petrus [*fest*] Guten Morgen. Was denkst du von den Predigten dieses Herrn?
Adam [*fest*] Ich kann sie nicht begreifen.
Petrus [*forschend*] Kannst du uns andeuten, worum es geht?
Adam [*verwundert*] Sie predigen einen Gott, der keinen Körper, keine Begabungen oder Leidenschaften hat; der so groß ist, daß er das Universum füllt, und doch so klein, daß er in meinem Herzen wohnen kann; und von einer Hölle ohne Boden, wo die Bösen ständig brennen, aber nie verbrannt werden. Für mich ist das ein Haufen wirres Zeug.
Petrus [*mitleidig*] Wir wundern uns gar nicht, daß du eine solche Lehre nicht begreifen kannst. Hast du irgendein Erkennungszeichen oder eine Geste?

Luzifer betritt die Szene und unterbricht das Gespräch.

Luzifer [*dramatisch*] Habt ihr Geld?
Petrus Wir haben alles, was wir brauchen.
Luzifer [*dramatisch*] Für Geld kann man in dieser Welt alles kaufen.

Petrus wendet sich wieder Adam zu.

Petrus [*forschend*] Verkaufst du deine Erkennungszeichen oder Gesten für Geld? Ich nehme an, du hast sie.
Adam [*aufrichtig*] Ich habe sie, aber ich verkaufe sie nicht für Geld. Ich halte sie heilig. Ich warte auf mehr Licht und Wissen, was Vater mir zu schicken versprochen hat.
Petrus Das ist recht. Wir loben deine Rechtschaffenheit. Guten Tag.

Petrus, Jakobus und Johannes wenden sich um und gehen im Gänsemarsch hinaus, Petrus voran; sie bleiben am Rand der Anlage noch einmal stehen.

Wir werden dich wahrscheinlich bald wieder besuchen.

Petrus, Jakobus und Johannes gehen endgültig ab. Die Kamera schwenkt zu Luzifer, der sich drohend und unheilverkündend der Kamera nähert, dann fest auf die Zuschauer blickt.

Luzifer [*heftig*] Dieses ist der große Tag meiner Macht. Ich herrsche von den Flüssen bis an die Enden der Erde. Es gibt keinen, der es wagen würde, mich zu belästigen oder mir Angst zu machen.
Prediger [*neugierig*] Wird es je Apostel oder Propheten geben?
Luzifer [*fromm*] Nein. Es könnte jedoch einige geben, die Offenbarung und Apostolizität beanspruchen. Wenn das der Fall sein sollte, dann prüfe sie, indem du einfach um ein Wunder bittest: etwa das Abschneiden eines Armes oder eines anderen Körperteils und seine Wiederherstellung, so daß die Leute erkennen, daß sie mit Macht kommen.

Die Szene blendet hinüber zu Elohims Säulenthron. Petrus, Jakobus und Johannes kommen im Gänsemarsch herein, Petrus voran, und nähern sich Jehova, der auf ihre Rückkehr gewartet hat.

Abschnitt 11: Zwischenszene

Petrus Jehova, wir sind bei dem Menschen Adam in der telestialen Welt gewesen, so wie du es angeordnet hast. Wir haben Satan dort getroffen, mit seinem Geistlichen, die jegliche Art von falscher Lehre predigen und sich bemühen, die Nachkommenschaft Adams in die Irre zu führen. Aber Adam hat das

Erkennungszeichen und die Geste treu und gläubig bewahrt, die ihm im Garten Eden gegeben wurden. Er wartet auf weiteres Licht und Wissen, das ihr zu schicken versprochen habt. Dies ist unser Bericht.
Jehova Es ist gut, Petrus, Jakobus und Johannes.

Jehova wendet sich um und steigt die breite Treppe zu Elohim hinauf, der majestätisch ganz oben steht. Er gibt den soeben gehörten Bericht wortwörtlich an Elohim weiter.

Elohim Es ist gut. Gib Petrus, Jakobus und Johannes die Anweisung, nun in ihrer wahren Eigenschaft als Apostel des Herrn Jesus Christus nach unten zu gehen, zu dem Menschen Adam und seiner Nachkommenschaft in der telestialen Welt, und Satan aus ihrer Mitte zu entfernen. Weise sie an, Adam und seiner Nachkommenschaft das Gesetz des Evangeliums zu geben, so wie es im Buch Mormon und in der Bibel enthalten ist. Desgleichen laß sie die Verpflichtung auf sich nehmen, alle Oberflächlichkeit, lautes Lachen, böses Reden über die Gesalbten des Herrn und das unnütze Führen des Namens Gottes zu vermeiden sowie keine anderen unheiligen und unreinen Handlungen vorzunehmen. Veranlasse, daß sie diese Dinge durch einen Bündnisvertrag annehmen. Weise Petrus, Jakobus und Johannes weiterhin an, Adam und seine Nachkommenschaft mit den Gewändern des Heiligen Priestertums zu kleiden, die Robe auf der linken Schulter, und ihnen das Zweite Erkennungszeichen des Aaronischen Priestertums samt Namen, Geste und Strafe zu geben. Dann laß sie zurückkehren und mir Bericht erstatten.
Jehova Es soll geschehen, Elohim.

Jehova wendet sich um, steigt die Stufen hinunter und übermittelt Elohims Anweisungen wortwörtlich an Petrus, Jakobus und Johannes.

Petrus Es soll geschehen, Jehova. Kommt, Jakobus und Johannes, laßt uns nach unten gehen.
Jakobus Gehen wir.

Johannes Gehen wir.

Die drei wenden sich um und verlassen die Szene. Es wird zur einsamen und öden Welt hinübergeblendet. Sie treten auf und nähern sich Luzifer.

Abschnitt 12: Die einsame und öde Welt (3)

Petrus Ich bin Petrus.
Jakobus Ich bin Jakobus.
Johannes Ich bin Johannes.
Luzifer [*vorwurfsvoll*] Ja, ich dachte schon, daß ich euch kennen würde.

Er wendet sich an den Prediger, der zugehört hat.

Weißt du, wer diese Männer sind? Sie behaupten Apostel zu sein. Prüfe sie!

Luzifer tritt zurück, und der Prediger geht auf Petrus zu.

Prediger [*forschend*] Bekennt ihr, Apostel des Herrn Jesus Christus zu sein?
Petrus Ja, das tun wir.
Prediger [*spitzfindig*] Dieser Mann sagte mir, wir würden nie Apostel oder eine Offenbarung haben; wenn jedoch jemand käme mit der Behauptung, Apostel zu sein, so sollte ich ihn bitten, einen Arm oder einen anderen Körperteil abzuschneiden und wiederherzustellen, damit die Leute erkennen könnten, sie kämen mit Macht.
Petrus [*vorwurfsvoll*] Wir werden auf diese Weise die Neugier der Menschen nicht befriedigen. Es ist eine böse und ehebrecherische Generation, die ein Zeichen fordert. Weißt du, wer der Mann ist? Es ist Satan!
Prediger [*sehr überrascht*] Was! Der Teufel?
Petrus Das ist einer seiner Namen.

Prediger [*ernsthaft*] Er sieht ganz anders aus als derjenige, den er mir als Teufel geschildert hat. Er sagt, der Teufel hätte Klauen wie die eines Bären an seinen Händen, Hörner am Kopf und einen gespaltenen Huf, und wenn er spräche, wäre das wie Löwengebrüll.
Petrus [*vertraulich*] Er hat das nur gesagt, um dich zu täuschen. Ich würde dir raten, dich aus seinem Anstellungsverhältnis zu lösen.
Prediger [*zweifelnd*] Dein Rat ist gut. Wenn ich aber die Anstellung bei ihm aufgebe, was wird dann aus mir?
Petrus [*weise*] Wir werden dir und der ganzen Nachkommenschaft Adams das Evangelium predigen.
Prediger [*zufrieden*] Das ist gut.

Er wendet sich zu Luzifer, der in der Nähe steht und zusieht.

Ich möchte eine Regelung treffen: Zahle mich für mein Predigen aus.
Luzifer [*stolz*] Ich bin bereit, mein Wort zu halten und meinen Teil des Abkommens zu erfüllen. [*Dann vorwurfsvoll*:] Ich habe versprochen, dich zu bezahlen, wenn du diese Leute bekehrtest; statt dessen haben sie dich fast bekehrt. Du kannst mein Reich verlassen. Ich will keine solchen Männer darin.

Der Prediger zieht sich aus der Szene zurück, während Luzifer sich Petrus nähert.

Nun, was werdet ihr machen?
Petrus Wir werden dich fortschicken, ohne weitere Diskussion.
Luzifer [*gestikulierend*] Ah! Ihr habt Einblick genommen in mein Reich, meine Größe und meinen Ruhm. Und nun wollt ihr das Ganze in Besitz nehmen.

Luzifer wendet sich um, unheilverkündend, nähert sich der Kamera und spricht finster.

Ich muß noch etwas im Hinblick auf diese Leute sagen. Wenn sie nicht zu jeder Verpflichtung stehen, die sie heute in diesem Tempel an den Altären übernehmen, werden sie unter meine Gewalt kommen.

Die Kamera schwenkt hinüber auf Petrus, Jakobus und Johannes.

Petrus [*befehlend*] Satan! Wir befehlen dir zu verschwinden!
Luzifer [*trotzig*] In welchem Auftrag?

Petrus winkelt den rechten Arm an.

Petrus [*richtend*] Im Namen Jesu Christi, unseres Meisters.

Luzifer wendet sich bewegt um und verläßt die Szene. Petrus geht auf Adam und Eva zu.

Adam, wir sind wahre Boten vom Vater; wir sind heruntergekommen, um euch mehr Licht und Wissen zu geben, so wie er es versprochen hat.
Adam [*fragend*] Wie kann ich erkennen, daß ihr wahre Boten seid?
Petrus [*vertraulich*] Durch das Erkennungszeichen und die Geste, die du im Garten Eden empfangen hast.

Adam ergreift die rechte Hand des Petrus; die Hände sind jedoch nicht zu sehen.

Adam Was ist das?
Petrus Das Erste Erkennungszeichen des Aaronischen Priestertums.
Adam Hat es einen Namen?
Petrus Ja.
Adam Sagst du ihn mir?
Petrus Nein, denn es ist der Neue Name.

Er hebt den rechten Arm und winkelt ihn an.

Aber dieses ist die Geste.

Er zieht den Daumen der rechten Hand schnell über seine Kehle.

Und dieses ist die zeichenhafte Ausführung der Strafe.
Adam Nun weiß ich, daß ihr wahre Boten seid, vom Vater herabgesandt.

Er wendet sich an die Zuschauer.

Sie sind wahre Boten. Ich ermahne euch, sehr gut auf ihre Ratschläge und Lehren zu achten; dann werden sie euch auf den Weg des Lebens und der Erlösung führen.
Erzähler Der Amtierende repräsentiert Petrus am Altar.

An dieser Stelle endet der Film. Der Rest des Endowments kommt vom Tonband.

Abschnitt 13: Das Gesetz des Evangeliums

Stimme des Petrus Ein Paar wird nun zum Altar kommen.

Das ›Zeugen-Paar‹ kommt nach vorne und kniet am Altar.

Brüder und Schwestern, dieses Paar am Altar vertritt Ihre Stelle, so als ob Sie selbst am Altar wären, und Sie stehen unter der gleichen Verpflichtung wie sie. Wir sind angewiesen worden, Ihnen das Gesetz des Evangeliums zu geben, so wie es im Buch Mormon und in der Bibel enthalten ist; Ihnen auch die Verpflichtung aufzuerlegen, alle Oberflächlichkeit, lautes Lachen, böses Reden über die Gesalbten des Herrn, das unnütze Führen des Namens Gottes sowie andere unheilige und unreine Handlungen zu vermeiden und Sie zu veranlassen, diese Dinge durch einen Bündnisvertrag anzunehmen. Alle mögen sich erheben.

Die Patrons stehen auf.

Jeder von Ihnen möge seinen rechten Arm anwinkeln.

Alle Patrons heben den rechten Arm und winkeln ihn an.

Jeder einzelne von Ihnen gelobe und verspreche vor Gott, den Engeln und diesen Zeugen am Altar, daß Sie das Gesetz des Evangeliums beachten und halten werden samt der Verpflichtung, so wie es Ihnen dargelegt worden ist. Jeder von Ihnen möge den Kopf neigen und ›ja‹ sagen.
Alle Patrons Ja.
Petrus Das genügt.

Die Patrons setzen sich wieder.

Abschnitt 14: Die Kleider des Heiligen Priestertums

Petrus Wir sind angewiesen worden, Ihnen die Kleider des Heiligen Priestertums anzulegen. Hängen Sie die Robe über Ihre linke Schulter, setzen Sie sich die Kappe auf mit dem Bügel über dem rechten Ohr, binden Sie sich den Schurz und den Gürtel noch einmal um mit der Schleife auf der rechten Seite, streifen Sie sich die Slipper von den Füßen und ziehen Sie sie wieder an, als Teil der Tempelkleidung. Sie können jetzt anfangen, sich zu kleiden.

Die Patrons stehen auf, drehen sich herum und benutzen ihren Sitz als Ankleidetisch. Sie legen den Schurz mit den grünen Feigenblättern ab, ziehen die Slipper von den Füßen und öffnen ihr Bündel mit den Tempelkleidern. Sie beginnen das Ankleiden damit, daß sie die lange, weiße Robe über ihre linke Schulter hängen und auf der rechten Hüfte zusammenbinden. Als nächstes setzen sie sich die Kappe auf (bzw. Gesichtsschleier bei Frauen) mit dem Bügel über dem rechten Ohr. Dann legen sie den Schurz mit den grünen Feigen an und binden die lange, etwa 15 cm breite Schärpe auf der rechten Hüfte zusammen. Sie setzen sich und ziehen die Slipper wieder an.

Abschnitt 15: Das Zweite Erkennungszeichen des Aaronischen Priestertums

Petrus Ein Paar kommt nun zum Altar.

Das ›Zeugen-Paar‹ kommt nach vorne und kniet am Altar.

Mit der Robe auf Ihrer linken Schulter sind Sie nun bereit, die Riten des Aaronischen Priestertums zu vollziehen. Wir werden Ihnen nun das Zweite Erkennungszeichen des Aaronischen Priestertums geben samt Namen, Geste und Strafe. Das Zeichen wird gemacht, indem die rechten Hände zusammengelegt und das Daumengelenk zwischen den ersten und zweiten Knöchel der [*anderen*] Hand gelegt wird, auf folgende Art.

Der Amtierende faßt den am Altar knienden ›Adam‹ bei der Hand und zeigt es den Zuschauern.

Wir möchten, daß Sie alle das Zeichen erhalten. Alle mögen sich erheben.

Das ›Zeugen-Paar‹ steht auf und kehrt zu seinen Sitzen zurück. Alle Patrons erheben sich und erhalten das Zeichen von den Tempelarbeitern, die durch die Reihen gehen; dann setzen sie sich wieder.

Wer von Ihnen das Zeichen noch nicht bekommen hat, möge die Hand heben. [*Pause*]. Der Name dieses Zeichens ist Ihr eigener Vorname, falls Sie für Ihr eigenes Endowment durch den Tempel gehen. Wenn Sie für einen Verstorbenen durchgehen, dann ist es der Vorname des Verstorbenen.

Während die Beschreibung der Geste gegeben wird, macht der Amtierende diese vor.

Die Geste wird gemacht, indem man die rechte Hand, zur Schöpfkelle geformt, vor sich hält und den Arm anwinkelt; der linke Arm wird erhoben und ebenfalls angewinkelt. Das ist die Geste. – Die zeichenhafte Ausführung der Strafe geschieht, indem man die rechte Hand auf die linke Brustseite legt, sie dann schnell über den Oberkörper zieht und beide Hände zu den Seiten fallen läßt. Ich werde nun die Verpflichtung zur Geheimhaltung erklären, die zu diesem Zeichen samt Namen, Geste und Strafe gehören, und die Sie auf sich nehmen sollen. Wenn ich heute mein eigenes Endowment erhielte und mein Vorname wäre David, würde ich im stillen diese Worte wiederholen und dazu die Geste machen und die zeichenhafte Ausführung der Strafe vornehmen. Ich, David, verpflichte mich, niemals das Zweite Erkennungszeichen des Aaronischen Priestertums samt Namen, Geste und Strafe zu enthüllen. Lieber würde ich zulassen, daß mir das Leben genommen würde. Alle mögen sich erheben.

Die Patrons stehen auf, machen das Zeichen und verpflichten sich im stillen, es nicht zu verraten. Wenn auch nur ein Patron dabei einen Fehler macht, müssen alle, wie beim Ersten Zeichen, die Zeremonie wiederholen.

Das Tonband läuft nun weiter.

Abschnitt 16: Zwischenszene

Petrus Jehova, wir sind unten in der telestialen Welt gewesen, bei dem Menschen Adam und seiner Nachkommenschaft, und haben Satan aus ihrer Mitte entfernt. Wir haben ihnen das Gesetz des Evangeliums gegeben, so wie es im Buch Mormon und in der Bibel enthalten ist; ihnen auch die Verpflichtung auferlegt, alle Oberflächlichkeit, lautes Lachen, böses Reden über die Gesalbten des Herrn und die unnütze Führung des Namens Gottes sowie unheilige und unreine Handlungen zu vermeiden, und haben sie veranlaßt, die Dinge durch Bündnisverpflichtung anzunehmen. Wir haben sie auch mit den Kleidern des Heiligen Priestertums gekleidet und ihnen das Zweite Erkennungszeichen des Aaronischen Priestertums samt Namen, Geste und Strafe gegeben. Dies ist unser Bericht.
Jehova Es ist gut, Petrus, Jakobus und Johannes.

Jehova gibt diesen Bericht wortwörtlich an Elohim weiter, der sich darüber freut und Jehova weitere Anweisungen für Petrus, Jakobus und Johannes erteilt. Diese sollen erneut hinunter in die telestiale Welt zu Adam gehen und ihn veranlassen, seine Robe nun auf die rechte Schulter zu hängen als Vorbereitung auf den Empfang der Riten des Melchizedekischen Priestertums. Sie sollen ihm weiterhin das ›Gesetz der Keuschheit‹ geben und ihn in die terrestriale Welt einführen. Die drei nehmen die Anweisungen entgegen und gehen hinunter.

Petrus Wir sind angewiesen worden, Sie die Robe auf die rechte Schulter wechseln zu lassen als Vorbereitung auf den Vollzug der Riten des Melchizedekischen Priestertums und Sie in die terrestriale Welt einzuführen.

Die Raumbeleuchtung wird heller gedreht, um den Wechsel zur terrestrialen Welt anzudeuten. Alle Patrons erheben sich und drehen sich zu ihren Sitzen um, die sie als Kleiderablage benutzen. Sie ziehen die Slipper von den Füßen und legen

Kappe, Schärpe, Schurz und Robe ab. Anschließend kleiden sie sich erneut: die Robe auf die rechte Schulter, den Bügel der Kappe über das linke Ohr, Schleife der Schärpe auf der linken Hüfte usw. Dann setzen sie sich und ziehen die Slipper wieder an.

Abschnitt 17: Das Gesetz der Keuschheit (Law of Chastitiy)

Petrus Ein Paar wird nun zum Altar kommen.

Das ›Zeugen-Paar‹ geht wieder nach vorne und kniet am Altar wie vorher.

Wir sind angewiesen worden, Ihnen das Gesetz der Keuschheit zu geben. Ich werde es Ihnen erklären. Für die Schwestern: Keine von Ihnen darf sexuellen Verkehr haben, außer mit dem Ehemann, dem Sie rechtmäßig und gesetzlich vermählt sind. Für die Brüder: Keiner von Ihnen darf sexuellen Verkehr haben, außer mit der Ehefrau, der Sie rechtmäßig und gesetzlich vermählt sind. – Schwestern, bitte stehen Sie auf. Jede von Ihnen möge den rechten Arm anwinkeln. Jede einzelne von Ihnen verpflichte sich und verspreche vor Gott, den Engeln und diesen Zeugen am Altar, das Gesetz der Keuschheit zu beachten und zu halten, so wie es Ihnen erklärt worden ist. Jede von Ihnen neige den Kopf und sage ›ja‹.
Frauen Ja.
Petrus Das genügt. Brüder, bitte stehen Sie auf. Jeder von Ihnen möge den rechten Arm anwinkeln. Jeder einzelne von Ihnen verpflichte sich und verspreche vor Gott, den Engeln und diesen Zeugen am Altar, das Gesetz der Keuschheit zu beachten und zu halten, so wie es Ihnen erklärt worden ist. Jeder von Ihnen neige den Kopf und sage ›ja‹.
Männer Ja.
Petrus Das genügt.

Abschnitt 18: Das Erste Erkennungszeichen des Melchizedekischen Priestertums – oder: Das Zeichen des Nagels (First Token of the Melchizedek Priesthood – or: The Sign of the Nail)

Während das Tonband läuft, macht der Amtierende mit dem männlichen Zeugen am Altar für die Zuschauer das Zeichen vor.

Petrus Wir wollen Ihnen nun das Erste Erkennungszeichen des Melchizedekischen Priestertums oder das Zeichen des Nagels samt Namen, Geste und Strafe geben. Man bekommt das Zeichen, indem die rechte Hand in folgende Position gebracht wird: die Hand vertikal, die Finger zusammen und der Daumen abstehend; derjenige, der das Zeichen gibt, plaziert die Spitze des Zeigefingers seiner rechten Hand in die Mitte der Handfläche [*des anderen*] und seinen Daumen auf den Handrücken; in dieser Weise. Wir möchten, daß alle das Zeichen erhalten. Alle mögen sich erheben.

Die Patrons bekommen das Zeichen von den Tempelarbeitern und setzen sich wieder.

Petrus Wenn jemand das Zeichen noch nicht erhalten hat, möge er bitte seine Hand heben. [*Pause*]. Der Name dieses Zeichens ist ›Der Sohn‹, was der Sohn Gottes bedeutet. Die Geste wird gemacht, indem man die linke Hand in Form eines Schöpflöffels (cupping shape) nach vorne bringt, der linke Arm angewinkelt; die rechte Hand wird ebenfalls nach vorne gebracht, die Handfläche nach unten, die Finger zusammen und der Daumen abstehend; der Daumen liegt über der linken Hüfte. Dies ist die Geste. Die zeichenhafte Strafe wird ausgeführt, indem der Daumen schnell über den Bauch gezogen wird und die Hände zur Seite fallen. Ich werde nun die Verpflichtung zur Geheimhaltung erklären, die zu diesem Zeichen, dem Namen, der Geste und der Strafe gehören und die Sie auf sich nehmen sollen. Wenn ich heute mein Endowment bekäme, entweder für mich selbst oder für einen Verstorbenen, würde ich dieses Wort im stillen wiederholen und gleichzeitig die Geste machen und die zeichenhafte Ausführung der Strafe vornehmen. Ich verpflichte mich, im Namen des Sohnes, das Erste Erkennungszeichen des Melchizedekischen Priestertums oder das Zeichen des Nagels samt Namen, Geste und Strafe nie zu enthüllen. Eher würde ich zulassen, daß mein Leben genommen wird. Alle mögen sich erheben.

Die Patrons erheben sich, machen das Zeichen und sprechen die Verpflichtung zur Geheimhaltung.

Das genügt.

Die Patrons setzen sich wieder.

Petrus Wir werden zurückgehen und Bericht erstatten.

Die drei berichten Jehova über ihre Tätigkeit.

Jehova Es ist gut, Petrus, Jakobus und Johannes.

Jehova gibt den Bericht der drei an Elohim weiter.

Abschnitt 19: Zwischenszene

Elohim Es ist gut, Jehova. Schicke Petrus, Jakobus und Johannes nach unten mit der Anweisung, dem Menschen Adam und seiner Nachkommenschaft in der terrestrialen Welt das Gesetz der Hingabe in Verbindung mit dem Gesetz des Opfers und dem Gesetz des Evangeliums zu geben und sie es durch Bündnisverpflichtung annehmen zu lassen. Laß sie ihnen das Zweite Erkennungszeichen des Melchizedekischen Priestertums – den Patriarchalischen Griff – oder: das Wahre Zeichen des Nagels

mit dem dazugehörigen Namen geben und laß sie sie die Ordnung des Gebetes lehren und sich in allen Dingen vorbereiten, weitere Belehrungen am Vorhang zu erhalten. Dann laß sie am Vorhang Bericht erstatten.
Jehova Es soll geschehen, Elohim.

Jehova gibt die Anweisungen an Petrus, Jakobus und Johannes weiter.

Petrus Es soll geschehen, Jehova. Kommt, Jakobus und Johannes, laßt uns nach unten gehen.

Abschnitt 20: Das Gesetz der Hingabe (Law of Consecration)

Petrus Ein Paar wird nun zum Altar kommen.

Das ›Zeugen-Paar‹ geht nach vorne und kniet am Altar, wie vorher.

Wir sind angewiesen worden, Ihnen, in Verbindung mit dem Gesetz des Evangeliums und dem Gesetz des Opfers, die Sie schon erhalten haben, auch das Gesetz der Hingabe zu bringen, wie es im Buch ›Lehre & Bündnisse‹ enthalten ist.

Der Amtierende nimmt das Buch ›Lehre & Bündnisse‹ vom Altar und hält es den Zuschauern hoch.

Es bedeutet, daß Sie sich selbst, Ihre Zeit, Ihre Begabungen und alle Dinge, mit denen Sie der Herr gesegnet hat oder noch segnen wird, der Kirche Jesu Christi der Heiligen der Letzten Tage widmen, um das Reich Gottes auf Erden zu bauen und Zion zu errichten. Alle mögen sich erheben und den rechten Arm anwinkeln.

Die Patrons geloben und verpflichten sich, das Gesetz der Hingabe zu halten. Sie neigen den Kopf und bekräftigen das mit einem ›Ja‹.

Petrus Das genügt.

Die Patrons setzen sich wieder.

Abschnitt 21: Das Zweite Erkennungszeichen des Melchizedekischen Priestertums: der Patriarchalische Griff – oder: das Wahre Zeichen des Nagels (Second Token of the Melchizedek Priesthood: The Patriarchal Grip – or: Sure Sign of the Nail)

Der Amtierende macht das Zeichen mit dem männlichen ›Zeugen‹ am Altar vor.

Petrus Wir geben Ihnen nun das Zweite Erkennungszeichen des Melchizedekischen Priestertums, den Patriarchalischen Griff oder das Wahre Zeichen des Nagels mit der dazugehörigen Geste. Das Zeichen wird gegeben, indem die rechten Hände zusammengelegt, die kleinen Finger miteinander verschlungen und die Spitze des Zeigefingers auf die Mitte des Handgelenks [*der anderen Hand*] gelegt werden. Wir möchten, daß es alle bekommen. Alle mögen sich erheben.

Das ›Zeugen-Paar‹ kehrt zu seinem Sitz zurück; die Patrons bekommen den Griff.

Dieses Zeichen hat einen Namen und eine Geste; von einer Strafe wird nichts erwähnt. Sie unterliegen jedoch im Hinblick auf dieses Zeichen und die Geste der gleichen Verpflichtung zur Geheimhaltung wie bei den anderen Zeichen und Gesten des Heiligen Priestertums, die Sie heute im Tempel erhalten haben.

Der Name des Erkennungszeichens wird Ihnen nicht in diesem Abschnitt des Endowments gegeben, sondern später.

Der Amtierende macht die Geste vor.

Die Geste wird gemacht, indem beide Hände hoch über den Kopf erhoben und beim langsamen Herablassen laut die Worte gesprochen werden: Pay lay ale – pay lay ale – pay lay ale.

Der Amtierende hebt und senkt seine Arme dreimal parallel zu diesen Worten.

Nachdem Adam aus dem Garten Eden vertrieben worden war, baute er einen Altar und brachte als Opfer ein Gebet dar; und dieses sind die Worte, die er sprach; übersetzt: »Oh, Gott, höre die Worte meines Mundes«; dreimal wiederholt. Wir möchten, daß es alle bekommen. Alle mögen sich erheben. Jeder von Ihnen mache die Geste des Zweiten Erkennungszeichens des Melchizedekischen Priestertums, des Patriarchalischen Griffes oder des Wahren Zeichens des Nagels, indem Sie beide Hände hoch über den Kopf erheben, langsam zur Seite herablassen und die Worte des Gebetes wiederholen.

Alle machen die Geste und wiederholen gemeinsam die Worte.

Alle Patrons Pay lay ale – pay lay ale – pay lay ale.
Petrus Das genügt.

Die Patrons setzen sich wieder.

Als nächstes folgt eine Ansprache, die die Belehrungen, Gebräuche und Verpflichtungen noch einmal zusammenfaßt, aber auch die Zeichen mit ihren Stichworten, Gesten und Strafen, die zu dem Endowment gehören, das Sie bisher erhalten haben. Sie sollten versuchen, das alles im Gedächtnis zu behalten, was Sie heute in diesem Tempel gehört und gesehen haben oder noch hören und sehen werden. Der Zweck dieses Vortrags ist es, Ihnen zu helfen, sich das einzuprägen, was man Sie heute gelehrt hat. Sie müssen sich immer vergegenwärtigen, daß Sie unter einer feierlichen Verpflichtung stehen, außerhalb dieser Mauern nie von den Dingen zu sprechen, die Sie an diesem heiligen Ort sehen oder hören.

Abschnitt 22: Ansprache vor dem Vorhang (Lecture)

Vortragender Brüder und Schwestern, diese Endowments, wie sie hier drinnen verwaltet werden, wurden den Menschenkindern lange vorenthalten; sie gehören zum Zeitalter der Fülle der Zeit und sind offenbart worden, um die Menschen auf die Erhöhung vorzubereiten.

Der Vortragende erklärt den Patrons noch einmal alle Abschnitte, die sie bisher durchlaufen haben, vom Waschen und Salben bis zu diesem Vortrag. Er erwähnt auch, daß sie die Schlüssel des Priestertums bekommen hätten, die in den Endowments enthalten seien.

Diese werden ›Mysterien der Göttlichkeit‹ genannt; und sie werden Sie befähigen, den Ausspruch Jesu zu verstehen, den er kurz vor seinem Verrat getan hat: »Das heißt ewiges Leben, daß sie dich erkennen mögen, den einzig wahren Gott, und Jesus Christus, den du gesandt hast.« Möge Gott Sie alle segnen. Amen.

Abschnitt 23: Der Gebetskreis (The Prayer Circle)

Petrus Wir werden Sie nun die ›Wahre Ordnung des Gebets‹ lehren. Das Zeugen-Paar wird nun nach vorne kommen und sich an der Kopfseite des Altars aufstellen. Sechs oder sieben andere Paare werden ebenfalls nach vorne kommen und einen Kreis um den Altar bilden.

Das Tonband wird angehalten, während das Zeugen-Paar und mehrere andere beliebige Paare nach vorne kommen und sich paarweise im Kreis um den Altar stellen, die Männer rechts von ihren Ehepartnern. Das Tonband läuft weiter.

Johannes wird Anweisungen geben und den Gebetskreis leiten.

Der Amtierende, in der Rolle des Johannes, steht in der Mitte des Kreises [hinter dem Altar], sieht die Patrons an und macht entsprechend der Tonbandwiedergabe pantomimische Bewegungen.

Johannes Wenn irgend jemand von Ihnen gegen irgendein Mitglied dieses Kreises unfreundliche Gefühle hegt, möge er sich doch zurückziehen, damit der Geist des Herrn uneingeschränkt da sei. In diesem Kreis ist es erforderlich, daß wir alle Gesten und zeichenhaften Strafen des Heiligen Priestertums ausführen.

Der Amtierende und alle Patrons im Kreis machen parallel zu den Anweisungen vom Tonband die Gesten und zeichenhaften Strafen und enden mit dem dreifachen ›Pay lay ale‹.

Johannes Die Schwestern mögen nun ihr Gesicht verschleiern. Die Brüder ergreifen die rechte Hand der jeweiligen Schwester zur linken im Patriarchalischen Griff. Jeder von Ihnen möge nun den linken Arm heben und anwinkeln und den Ellbogen auf die Schulter oder den Arm der Person zu Ihrer linken legen. Bitte sprechen Sie dann die Worte des nun folgenden Gebets nach.

Das Tonband wird an dieser Stelle angehalten, und der Amtierende spricht selbst. Zunächst prüft er sehr sorgfältig die Stellung aller Patrons im Kreis und korrigiert notfalls. Dann kniet er [innerhalb des Kreises] am Altar, blickt nach vorne und spricht ein Gebet. Zwischendurch hält er ein, damit die

Patrons seine jeweiligen Worte nachsprechen können. Hier das Beispiel eines solchen Gebets:
»Unser Ewiger, Himmlischer Vater – wir danken Dir für das Vorrecht, heute in diesem Tempel zu sein und an diesen heiligen Riten teilnehmen zu können, die wesentlich auch für die Verstorbenen sind. Wir bitten dich, unseren Propheten Spencer Kimball zu segnen, die Tempelpräsidentschaft und alle, die mit ihr im Dienste stehen ...«
Für viele Dinge kann gebetet werden, für die Missionare, die mormonische Mission, für die genealogische Arbeit usw.
»Wir bitten Dich, Himmlischer Vater, gnädig auf die herabzublicken, deren Namen hier heute auf dem Altar liegen« [*auf dem Altar liegt ein weißes Päckchen mit Namenszetteln von solchen Personen, die eine Fürbitte erbeten haben*]. »Wir bitten Dich, alle zu segnen, die hier heute im Tempel dabei sind, und sie sicher nach Hause zu geleiten. Im Namen Jesu Christi. Amen.«
Das Tonband läuft jetzt weiter.

Petrus Die Schwestern mögen nun den Schleier wieder abnehmen; die Brüder und Schwestern des Kreises kehren zu ihren Plätzen zurück. [*Pause*]. Wir werden nun den Vorhang enthüllen.

Der Amtierende und ein Gehilfe handeln entsprechend und legen ein Vorhangteil (Segment) für die Patrons frei. Der Amtierende macht pantomimische Bewegungen und gebraucht einen Zeigestock, um auf die Markierungen zu weisen.

Abschnitt 24: Erklärung des Vorhangs

Petrus Brüder und Schwestern, dies ist der Vorhang des Tempels. Wir werden Ihnen nun die Bedeutung der Markierungen auf dem Vorhang erklären. Diese vier Zeichen sind die Zeichen des Heiligen Priestertums; entsprechende Markierungen finden sich auf Ihren individuellen Gewändern. Dieses ist das Zei-

chen des Winkelmaßes. Es befindet sich auf dem Gewand über der rechten Brustseite und bedeutet die Genauigkeit und Ehre, mit der in Übereinstimmung gelebt wird mit allen Bündnisverpflichtungen, die heute im Tempel übernommen wurden. Dieses ist das Zeichen des Zirkels. Es befindet sich auf dem Gewand über der linken Brustseite und bedeutet, daß alle Wünsche, Triebe und Leidenschaften innerhalb der Grenzen gehalten werden müssen, die der Herr festgesetzt hat; und daß alle Wahrheit umrissen werden kann als ein großes Ganzes. Dieses ist die Nabel-Markierung. Sie befindet sich auf dem Gewand über dem Nabel als Mahnung daran, daß Körper und Geist ständig der Nahrung bedürfen. Dies ist die Knie-Markierung. Sie befindet sich auf dem rechten Hosenbein des Gewandes über dem Knie und bedeutet, daß sich jedes Knie beugen und jede Zunge bekennen soll, daß Jesus der Christus ist.
Diese übrigen drei Markierungen dienen der besseren Arbeit am Vorhang. Durch diese streckt die Person, die den Herrn repräsentiert, ihre rechte Hand, um unsere Kenntnisse der Zeichen des Heiligen Priestertums zu prüfen; durch diese stellt er uns bestimmte Fragen; und durch diese letzte Markierung geben wir unsere Antworten. Da alle von Ihnen durch den Vorhang hindurchmüssen, werden wir Ihnen jetzt zeigen, wie das geschieht.

Der Gehilfe steht nun hinter dem Vorhang, um die Rolle als ›Herr‹ (gemeint ist damit Gott selbst) zu spielen. Der Amtierende, in der Rolle von Adam und Petrus, vollführt drei Schläge gegen den Rahmen des Vorhangs. Das Tonband beginnt wieder zu laufen.

Herr Was wird begehrt?
Petrus Adam, der wahrhaftig und gläubig gewesen ist, wünscht weiteres Licht und Wissen, indem er mit dem Herrn durch den Vorhang spricht (für und anstelle von ..., der tot ist).
Herr Führe ihn zum Vorhang, und seine Bitte soll erfüllt werden.

Der ›Herr‹ streckt seine rechte Hand durch die Nabel-Markierung im Vorhang und ergreift die rechte Hand des Amtierenden mit dem Ersten Erkennungszeichen des Aaronischen Priestertums.

Herr Was ist das?
Petrus [*nun in der Funktion des Adam*] Das Erste Erkennungszeichen des Aaronischen Priestertums.
Herr Hat es einen Namen?
Petrus/Adam Ja.
Herr Sagst du ihn mir?
Petrus/Adam Ja, durch den Vorhang. [*An die Patrons gewandt:*] Sie geben nun dem Herrn den Neuen Namen durch den Vorhang.

Der ›Herr‹ läßt die Hand des Amtierenden los und ergreift sie gleich wieder mit dem Zweiten Erkennungszeichen des Aaronischen Priestertums.

Herr Was ist das?
Petrus/Adam Das Zweite Erkennungszeichen des Aaronischen Priestertums.
Herr Hat es einen Namen?
Petrus/Adam Ja.
Herr Sagst du ihn mir?
Petrus/Adam Ja, durch den Vorhang. [*An die Patrons gewandt:*] Sie sagen nun Ihren eigenen Vornamen, wenn Sie für Ihr eigenes Endowment durch den Tempel gehen, oder den Vornamen des Verstorbenen, für den Sie heute durchgehen.

Der ›Herr‹ läßt die Hand des Amtierenden los und ergreift sie mit dem Ersten Erkennungszeichen des Melchizedekischen Priestertums.

Herr Was ist das?
Petrus/Adam Das Erste Erkennungszeichen des Melchizedekischen Priestertums, oder Zeichen des Nagels.

Herr Hat es einen Namen?
Petrus/Adam Ja.
Herr Sagst du ihn mir?
Petrus/Adam Ja, durch den Vorhang. – Der Sohn.

Der ›Herr‹ läßt die Hand des Amtierenden los und ergreift sie mit dem Zweiten Erkennungszeichen des Melchizedekischen Priestertums, dem Patriarchalischen Griff.

Herr Was ist das?
Petrus/Adam Das Zweite Erkennungszeichen des Melchizedekischen Priestertums, der Patriarchalische Griff, oder das Wahre Zeichen des Nagels.
Herr Hat es einen Namen?
Petrus/Adam Ja.
Herr Sagst du ihn mir?
Petrus/Adam Ich kann es nicht; ich habe ihn noch nicht erhalten. Deshalb bin ich gekommen, um mit dem Herrn durch den Vorhang zu sprechen.
Herr Du sollst ihn auf den Fünf Punkten der Bruderschaft (Five Points of Fellowship) durch den Vorhang bekommen.
Petrus [*nun wieder in seiner eigenen Funktion*] Die Fünf Punkte der Bruderschaft sind folgende: die Innenseite des rechten Fußes gegen die Innenseite des rechten Fußes [*des anderen*]; Knie gegen Knie; Brust gegen Brust, die linke Hand über die Schulter [*auf den Rücken des anderen*]; Mund an Ohr.

›Petrus‹ macht mit dem ›Herrn‹ die Stellung der Fünf Punkte der Bruderschaft vor.

[*An die Patrons gewandt:*] Der Herr gibt Ihnen nun den Namen des Zeichens. Sie wiederholen ihn dem Herrn durch den Vorhang, woraufhin der Herr antwortet: ›Das ist richtig.‹ Der Tempelarbeiter wird dann drei Schläge mit dem Holzhammer vollziehen, und der Herr wird dann fragen:
Herr Was wird begehrt?
Petrus Nachdem Adam mit dem Herrn durch den Vorhang ge-

sprochen hat, möchte er in seine Gegenwart eintreten. [*An die Patrons gewandt:*] Der Herr faßt Adam dann durch die Öffnung im Vorhang an der rechten Hand und sagt:

Herr Laß ihn eintreten.

Petrus Der Herr gewährt Adam daraufhin den Eintritt in das Himmlische Reich (Celestial Kingdom). Wir möchten, daß alle in seine Gegenwart gelangen.

Hier endet das Tonband. Der Amtierende, der bis jetzt nur bei dem Gebet gesprochen hat, gibt den Patrons nun Anweisungen, wie sie sich ordentlich, Reihe für Reihe, in den Terrestrialen Raum begeben, wo der eigentliche Vorhang hängt. Dort nehmen sie wieder Platz, immer noch getrennt, die Frauen auf der linken, die Männer auf der rechten Seite. Die gesamte Stirnwand des Raumes ist mit etwa 50 Vorhang-Segmenten (so im Mormonen-Tempel von Los Angeles) bedeckt. Die Patrons werden vom Amtierenden in Gruppen von acht bis zehn Personen an den Vorhang gerufen und zu einzelnen Segmenten dirigiert. Bei jeder individuellen Vorhang-Zeremonie sind drei Personen beteiligt: der ›Veil Worker‹ (Amtierender hinter dem Vorhang), der den ›Herrn‹ repräsentiert; der Patron, der die Zeremonie durchläuft, um in den Celestialen Raum, der das Celestiale Reich symbolisiert, hineingelassen zu werden, und der ›Introducer‹, der dem Patron technisch hilft und ihn beim ›Herrn‹ einführt. Alle ›Veil Workers‹ sind Männer; die Vorhang-Segmente sind jedoch aufgeteilt in solche für Männer und andere für Frauen. Weibliche ›Introducer‹ helfen den weiblichen Patrons.

Abschnitt 25: Die Zeremonie am Vorhang

Während sich der Patron dem Vorhang nähert, nimmt der Introducer dessen Namensstreifen und klopft dann dreimal mit einem kleinen Holzhammer gegen den Vorhangrahmen. Der Veil Worker [in der Funktion des ›Herrn‹] teilt den Vorhang ein wenig mit seiner rechten Hand.

Herr Was wird begehrt?

Der Introducer hält dem Veil Worker den Namensstreifen des Patron entgegen, damit dieser ihn lesen kann; gleichzeitig beginnt er seine Einführung.

Introducer Adam, der in allen Dingen wahrhaftig und gläubig gewesen ist, möchte weiteres Licht und Wissen, indem er mit dem Herrn durch den Vorhang spricht (für und anstelle von ..., der tot ist).

Der Veil Worker liest den Namensstreifen. Zwischen Veil Worker, Introducer und Patron darf außer dem festgelegten, rituellen Dialog nicht gesprochen werden. Wenn der Patron einen Fehler macht, verbessert der Introducer ihn, und der Patron wiederholt die korrigierte Stelle. Wenn der Introducer einen Fehler überhört, stoppt der Veil Worker sofort und stellt die gleiche Frage noch einmal, um anzudeuten, daß ein Fehler gemacht wurde.

Herr Bringe ihn zum Vorhang, und seiner Bitte soll entsprochen werden.

Der Introducer plaziert den Patron nun genau vor dem Vorhang-Segment; der Veil Worker streckt seine rechte Hand durch die Nabel-Markierung und ergreift die rechte Hand des Patron im Ersten Erkennungszeichen des Aaronischen Priestertums.

Herr Was ist das?
Patron Das Erste Erkennungszeichen des Aaronischen Priestertums.
Herr Hat es einen Namen?
Patron Ja.
Herr Sagst du ihn mir?
Patron Ja, durch den Vorhang.

Der Patron flüstert den Neuen Namen. Der ›Herr‹ läßt nun dessen Hand los und ergreift sie mit dem Zweiten Erkennungszeichen des Aaronischen Priestertums. Der ganze Ablauf entspricht genau der vorherigen Übungs-Szene, bis zu der Stelle, wo der ›Herr‹ nach dem Namen des Zweiten Erkennungszeichens des Melchizedekischen Priestertums fragt.

Herr Sagst du ihn mir?
Patron Ich kann es nicht. Ich habe ihn noch nicht erhalten. Deshalb bin ich gekommen, um mit dem Herrn durch den Vorhang zu sprechen.
Herr Du wirst ihn auf den Fünf Punkten der Bruderschaft erhalten.

Patron und Veil Worker nehmen nun, den Vorhang zwischen sich, die Position der ›Fünf Punkte‹ ein, wobei ihre Hände den Patriarchalischen Griff bilden.

Dies ist der Name des Zeichens: Gesundheit im Nabel, Mark in den Knochen, Kraft in den Lenden und den Muskeln, Macht im Priestertum seien mit mir und meiner Nachkommenschaft durch alle Generationen in der Zeit und in alle Ewigkeit (Health in the navel, marrow in the bones, strength in the loins and in the sinews, power in the Priesthood be upon me and upon my posterity through all generations of time and throughout all eternity). [*Pause.*]
Was ist das?
Patron Das Zweite Zeichen des Melchizedekischen Priestertums, der Patriarchalische Griff, oder das Wahre Zeichen des Nagels.
Herr Hat es einen Namen?
Patron Ja.
Herr Sagst du ihn mir?
Patron Ja, auf den Fünf Punkten der Bruderschaft, durch den Vorhang: Gesundheit im Nabel, Mark in den Knochen, Kraft in den Lenden und den Muskeln, Macht im Priestertum seien

mit mir und meiner Nachkommenschaft durch alle Generationen in der Zeit und in alle Ewigkeit.
Herr Das ist richtig.

Patron und Veil Worker lösen ihre Umarmung und ziehen ihre Arme zurück. Der Introducer schlägt dreimal mit seinem Holzhammer gegen den Rahmen. Der ›Herr‹ teilt mit seiner rechten Hand den Vorhang ein wenig.

Was wird begehrt?
Introducer Adam, der mit dem Herrn durch den Vorhang gesprochen hat, möchte in seine Gegenwart eintreten.

Der Veil Worker teilt den Vorhang, faßt den Patron bei der rechten Hand und sagt, während er ihn durch den Vorhang geleitet:

Herr [*feierlich*] Laß ihn eintreten!

Der Patron geht dann am Veil Worker vorbei, mit einem kurzen Gruß oder einer Dankesgeste, und weiter in den Celestialen Raum hinein. Damit ist die Endowment-Zeremonie beendet.
Der Celestiale Raum ist ein elegant eingerichteter Aufenthaltsraum. Er hat keine besondere Funktion außer der, daß der Patron sich hier ein paar Minuten aufhalten darf, um eventuell auf den Ehepartner, auf Freunde oder Angehörige zu warten, bis auch diese durch den Vorhang kommen. Gespräche sind nur im Flüsterton erlaubt. Hier böte sich für einen Mormonen die einzige Gelegenheit, wenn überhaupt, Fragen im Hinblick auf die Tempel-Zeremonien zu stellen, falls von den Amtierenden jemand zu solch einem Gespräch bereit wäre. In der Praxis ist es den Tempelbesuchern jedoch nicht gestattet, länger als ein paar Minuten im Celestialen Raum zu verweilen.
Die Patrons verlassen ihn durch eine Seitentür und begeben sich, immer noch in ihren Tempelkleidern, nach unten in den

Raum mit den Schließfächern. Dort ziehen sie ihre Alltagskleider wieder an und sind frei, den Tempel jederzeit zu verlassen.

III. Die Siegelungen

1. Tempelehe

In jedem Mormonen-Tempel gibt es mehrere Räume, in denen Siegelungen für Lebende und Tote vorgenommen werden. Diese Räume sind vornehm eingerichtet, mit großen Spiegelflächen, langen Stuhlreihen an den Wänden und einem elegant gepolsterten Altar in der Mitte. Alle Teilnehmer an den Zeremonien, Ehepaare, Gäste und Amtierende, tragen weiße Tempelkleidung.
Der Siegelung von Ehepaaren geht gewöhnlich eine kurze Ansprache des Zeremonienmeisters (Sealer) voraus, der auf die Bedeutung der Tempelehe für Zeit und Ewigkeit hinweist. Während der Ansprache stehen die Ehepartner in der Mitte des Raumes, und jeder sieht in die Spiegel der gegenüberliegenden Wand. Durch die scheinbar endlose Reihe der reflektierten Räume soll der Eindruck von ›Ewigkeit‹ und ›Unendlichkeit‹ erweckt werden.
Nach der Rede nehmen zwei ›Zeugen‹ besondere Ehrenplätze ein, währen Braut und Bräutigam auf einer gepolsterten Fußbank niederknien, die sich an den beiden Längsseiten des Altars befindet. Sie bilden mit ihren rechten Händen den ›Patriarchalischen Griff‹ und lassen diese so zusammengelegten Hände dann auf dem Altar ruhen. Der Tempelbeamte (Sealer) stellt sich an das Kopfende des Altars und spricht die liturgischen Stücke der Zeremonie.

Sealer Bruder … (stellvertretend für …, der tot ist), wenn Sie jetzt Schwester … [*Mädchenname*] (stellvertretend für …, die tot ist) bei der rechten Hand nehmen und sie als Ihre für Zeit und Ewigkeit rechtmäßig angetraute Ehefrau empfangen, und wenn Sie geloben und versprechen, alle Gesetze, Riten und Verordnungen zu halten, die zu diesem Heiligen Ehestand des Neuen und Ewigen Bundes gehören, und wenn Sie es in Gegenwart Gottes, der Engel und dieser Zeugen tun, geschieht das alles aus freiem Willen?

Bräutigam Ja.
Sealer Schwester ... [*Mädchenname*] (stellvertretend für ..., die tot ist), wenn Sie jetzt Bruder ... (stellvertretend für ..., der tot ist) bei der rechten Hand nehmen und sich selbst als rechtmäßig angetraute Ehefrau ihm als dem rechtmäßig angetrauten Ehemann geben für Zeit und Ewigkeit, und wenn Sie geloben und versprechen, alle Gesetze, Riten und Verordnungen zu halten, die zu diesem Heiligen Ehestand des Neuen und Ewigen Bundes gehören, und wenn Sie es in Gegenwart Gottes, der Engel und dieser Zeugen tun, geschieht das aus freiem Willen?
Braut Ja.
Sealer Kraft des Heiligen Priestertums und der Autorität, die mir verliehen ist, erkläre ich Sie, ... und ..., gesetzlich und rechtmäßig zu Mann und Frau für Zeit und Ewigkeit, und ich übertrage auf Sie (I seal upon you) die Segnungen der heiligen Auferstehung, mit der Kraft, am Morgen der ersten Auferstehung hervorzukommen, gewandet mit Ruhm, Unsterblichkeit und ewigem Leben, und weiterhin übertrage ich auf Sie die Segnungen von Königreichen, Thronen, Fürstentümern, Mächten, Herrschaften und Erhöhungen, einschließlich der Segnungen Abrahams, Isaaks und Jakobs, und ich sage Ihnen: Seien Sie fruchtbar und mehren Sie sich und füllen Sie die Erde, auf daß Sie Freude haben werden am Tage des Herrn Jesus Christus. Alle diese Segnungen, einschließlich der Segnungen, die zu diesem Neuen und Ewigen Bund gehören, übertrage ich auf Sie kraft des Heiligen Priestertums, aufgrund Ihres Glaubens, im Namen des Vaters und des Sohnes und des Heiligen Geistes. Amen.

Mit einem Kuß, den sich die Eheleute über dem Altar geben, endet die Zeremonie. Der Tempelbeamte gratuliert dem Paar und seinen Gästen. Daraufhin verlassen alle den Raum und legen wieder ihre Straßenkleidung an.

2. *Siegelung der Kinder an die Eltern*

Ehepaare, gewöhnlich Konvertiten, die aneinander gesiegelt werden, haben oft auch (minderjährige) Kinder. Diese werden normalerweise sofort im Anschluß an die eben beendete Zeremonie an ihre Eltern gesiegelt. Den Kindern ist es nicht gestattet, bei der Siegelungszeremonie ihrer Eltern anwesend zu sein. Sie werden aber gleich danach in ihrer weißen Tempelkleidung in den Raum gebracht, wo ihre Eltern noch am Altar knien. Diese legen ihre Hände wieder im ›Patriarchalischen Griff‹ zusammen, die Kinder knien sich neben sie und legen ihre jeweils rechten Hände auf die der Eltern, beginnend mit dem ältesten Kind. Der Zeremonienmeister stellt sich hinter den Vater und spricht die Siegelungsformel:

Sealer Mit der Autorität des Heiligen Priestertums siegele ich dich ..., (stellvertretend für ..., der/die tot ist), und ... und ... [*usw. in der Reihenfolge des Alters der Kinder*] an deinen Vater ... und an deine Mutter ..., für Zeit und Ewigkeit, als Erbe, so als ob du im Neuen und Ewigen Bund geboren worden wärest, im Namen des Vaters und des Sohnes und des Heiligen Geistes. Amen.

Dritter Teil
Kommentar zu den Ritualen

I. Der Mormonentempel

1. Jüdisches Vorbild?

»Unter den zahlreichen Glaubensgemeinschaften und Kirchen unserer Zeit ragen die Heiligen der Letzten Tage dadurch hervor, daß sie Tempel bauen. Sie gleichen darin den alten Israeliten.« So beginnt James Talmage sein 1912 erschienenes Buch »The House of the Lord« (Das Haus des Herrn), in dem er die Existenz mormonischer Tempel zu begründen versucht (S. VII). Die »Heiligen der Letzten Tage« besitzen nämlich neben ihren örtlichen Kirchen und Gemeindehäusern, in denen Gottesdienste und allgemeine Veranstaltungen stattfinden, noch die besondere Institution von Tempeln, die geheimen und »heiligen« Handlungen vorbehalten sind.
Mit seinen Ausführungen scheint Talmage eine gerade Linie von den jüdischen Tempeln in Jerusalem zu den modernen Tempeln des Mormonismus ziehen zu wollen, um auch durch diesen Aspekt zu unterstreichen, daß die Anhänger dieser Religion das endzeitliche ›Volk Israel‹ bilden. Seine Argumentationskette besteht deshalb aus folgenden Einzelgliedern: Zu allen Zeiten hat es Gebäude gegeben, die als Heiligtum für die Anbetung von Götzen oder zur Verehrung des wahren Gottes dienten. Nach dem Auszug der Israeliten aus Ägypten gab Gott die Anweisung, ihm ein heiliges Zelt zu erstellen (von Martin Luther ›die Stiftshütte‹, hebr. ›Zelt der Zusammenkunft‹ genannt), in dem er dem Volke mit seiner Gegenwart nahe sein konnte (2. Mose 25–27). Später, um das Jahr 1000 v. Chr., führte Salomo den Plan seines Vaters David aus, dem Gott Israels einen richtigen Tempel zu errichten (1. Könige 6ff.). Bald

aber zerfiel dieses Gebäude und wurde außerdem durch Salomos götzendienerische Frauen entweiht. In den folgenden Jahrhunderten zerstörten Kriege und fremde Herrscher, was noch übriggeblieben war. Nach der Rückkehr aus der Babylonischen Gefangenschaft begannen die Juden, einen neuen Tempel zu bauen, der 515 v. Chr. vollendet wurde. Kriege und allgemeine Zeiteinwirkungen zogen aber auch dieses Bauwerk durch die Jahrhunderte so stark in Mitleidenschaft, daß König Herodes I. 29 v. Chr. mit Neubau- und Renovierungsarbeiten begann, die zehn Jahre dauerten. Mit diesem Tempel und seinem Bezirk waren, wie aus den Berichten der Evangelien hervorgeht, wichtige Ereignisse aus dem Leben Jesu verknüpft. Als Jerusalem 70 n. Chr. von Titus eingenommen wurde, brannten die Römer unter anderem auch den Tempel völlig nieder.

Nach dieser allgemeinen Übersicht schlägt Talmage einen gewaltigen Bogen in die Neuzeit: »Der Tempel des Herodes war der letzte, der auf der östlichen Hemisphäre errichtet wurde ... Als unter der Regierung Konstantins das schon entstellte Christentum zur Staatsreligion wurde, konnten oder wollten die Menschen ganz und gar nicht einsehen, daß es einen Ort geben müsse, wo Gott sich offenbaren würde ... Unter der Vielzahl von Kirchen und Gotteshäusern, von Domen und Kathedralen hatte der Menschensohn nichts, was Er Sein eigen nennen konnte ... Erst als das Evangelium mit seiner ursprünglichen Kraft und Vollmacht im 19. Jahrhundert wiederhergestellt wurde, war das heilige Priestertum abermals unter den Menschen vorhanden. Man darf nicht vergessen, daß die Vollmacht, im Namen Gottes zu sprechen und zu handeln, eine wesentliche Voraussetzung für den Tempel ist; der Tempel hat ohne die heilige Vollmacht des Priestertums keine Bedeutung ... Die Kirche Jesu Christi der Heiligen der Letzten Tage stellt fest, daß sie das heilige Priestertum besitzt, das wieder auf die Erde gebracht worden ist. Sie erklärt, daß ihr der göttliche Auftrag erteilt ist, Tempel zu bauen, die dem Namen und Dienst des wahren, lebendigen Gottes geweiht sind, um darin die heiligen Handlungen des Priestertums zu vollziehen, die auf Erden und im Jenseits bindend sind.«[45]

Aufgrund dieser ihrer Selbsteinschätzung, nämlich »einzig wahre Kirche« zu sein und das »alleinige, vollmächtige und heilige Priestertum« zu besitzen, sowie der Meinung, einen »göttlichen Auftrag« dazu zu haben, bauen die Mormonen seit 1833 ihre Tempel in dem Bewußtsein, damit an die altjüdische Zeit anknüpfen und nach langer Unterbrechung wieder einen Ort für die »Gegenwart Gottes und seine Offenbarungen« anbieten zu können.

Am 27. März 1836 wurde in Kirtland/Ohio, in der Nähe von Cleveland, »der erste Tempel der Neuzeit« fertiggestellt; er gehört heute den Reorganisierten Mormonen, einer, wie Talmage es ausdrückt, »kleinen, nahezu unbekannten religiösen Gemeinschaft« (mit weltweit über 220000 Mitgliedern). Es folgte der Tempel in Nauvoo/Illinois: Grundsteinlegung am 6. April 1841, Einweihung Ende April 1846, Zerstörung durch Sturm und Brandstiftung zwischen 1846 und 1850. Nach dem großen Exodus der »Heiligen« aus dem Mittelwesten und ihrer Ansiedlung im Salzseetal begann am 6. April 1853 der Bau des Tempels in Salt Lake City, den Präsident Wilford Woodruff 40 Jahre später, am 6. April 1893, seiner Bestimmung übergab. Parallel dazu wurden in Utah Tempel in St. George (1877), Logan (1884) und Manti (1888) eingeweiht.

Gemäß der Aufzählung im offiziellen statistischen Jahrbuch der Mormonen von 1982[46] und der Ankündigung im Monatsblatt ›Der Stern‹, Juni 1984, daß die ›Erste Präsidentschaft‹ den Bau von fünf neuen Tempeln bekanntgegeben habe, besitzen die Mormonen in allen Kontinenten zur Zeit 47 Tempel, »die entweder in Betrieb, im Bau oder noch in mehr oder weniger fortgeschrittenem Stadium der Planung sind«[47]. Davon werden für Europa genannt: Zollikofen (Schweiz, eingeweiht 1955); White Chapel (England, eingeweiht 1958); Friedrichsdorf/Taunus (Bundesrepublik, geplant); Freiberg/Sachsen (DDR, geplant); Stockholm (Schweden, geplant).

»Die Heiligen sind der Meinung«, so schreibt W. E. Berrett, »daß es eines Tages Hunderte von Tempeln geben wird und daß während des Milleniums darin eine sehr große Arbeit verrichtet werden wird.«[48]

Rein äußerlich betrachtet, scheint es zwischen den mormonischen Tempeln und denjenigen von Jerusalem einige übereinstimmende Punkte zu geben. Vom altjüdischen Tempelkult haben die Mormonen etwa die Unterscheidung zwischen örtlichen Synagogen (Gemeindehäusern) und zentralem Tempel übernommen, sodann die Einteilung der Tempel-Gebäude in unterschiedlich ›heilige‹ Bezirke, das auf zwölf Ochsen ruhende Wasserbecken (2. Könige 7,23ff.), den in 2. Chronik 3,14 erwähnten Tempelvorhang und nicht zuletzt das Verbot für Außenstehende (Nichtmitglieder der eigenen Religion), den Tempel ganz oder teilweise zu betreten.

Bei ihrem Versuch, an diesen altjüdischen Tempelkult anzuknüpfen, haben die Mormonen aber zwei wesentliche Dinge übersehen, nämlich den alt- und den neutestamentlichen Aspekt:

1. Jeder der drei während des letzten vorchristlichen Jahrtausends errichteten Tempel in Jerusalem war in seinem Zeitabschnitt sichtbarer Ausdruck für das gerade herrschende religiöse Bewußtsein des Volkes Israel und Zeichen für das ihm als dem Volk des Alten Bundes allein geltende Heilshandeln Gottes. Diese Tempel können deshalb wohl kaum aus dem religionsgeschichtlichen und historisch-politischen Kontext des Vorderen Orients herausgelöst, verselbständigt und als ›Idee‹ (Vorbildfunktion) in andere Länder und Zeiten verpflanzt werden.

So galt Salomos Tempel als Zentralheiligtum des Zwölfstämmeverbandes, da er der während der Wüstenwanderung ständig umhergetragenen Bundeslade nun als fester Standort und somit als Wohnung der Gottheit diente. Er hatte aber auch die Funktion eines Staatsheiligtums mit dem König als oberstem Kultherrn, der selbst die Tempelweihe vollzog und Priester in ihr Amt einsetzte. Diese stammten aus dem Geschlecht des Priesters Zadok, der einst Salomo zum Thron verholfen hatte.

Nach der Rückkehr der Juden aus dem Exil wurde der neue Tempel für die Mitglieder der jüdischen Kultusgemeinde wiederum Zentralheiligtum, jetzt jedoch ohne den politischen

Aspekt. Die Bundeslade gab es nicht mehr, da sie in den vorhergehenden Wirren wohl verlorengegangen war. Alle Arten des Opferdienstes, vom Speise- bis zum blutig-rituellen Tieropfer, und andere Tempelverrichtungen lagen wahrscheinlich immer noch in den Händen der zadokischen Priester. Ihr führender Amtsträger am Jerusalemer Tempel wurde nun zum obersten Priester in ganz Israel, zum ›Hohenpriester‹. Bis zum Ende der Geschichte Israels hat dieses religiöse Amt eine wichtige Rolle gespielt. Zur Zeit des Königs Herodes scharte sich die jüdische Kultusgemeinde um ihr Heiligtum und sah darin ein Bollwerk gegen ständig drohende Eingriffe weltlich-heidnischer Herrscher. Sie war bemüht, die Freiheit zur Ausübung ihrer Gottesdienste zu sichern und ein Leben nach den strengen Vorschriften des überlieferten Gesetzes zu führen. Daneben war der Tempel aber auch Schauplatz von Auseinandersetzungen verschiedener religiöser und philosophischer Richtungen des damaligen Judentums.

2. In Jesus von Nazareth wurden dann alle diesbezüglichen baulichen, ethnischen, religiösen und geographischen Grenzen gesprengt: Das Heilshandeln Gottes gilt seitdem nicht mehr nur einem besonderen historischen Volk, sondern der ganzen Welt und allen Menschen. Deshalb findet sich auch an keiner Stelle im Neuen Testament irgendein Hinweis darauf, daß die Christen als Volk des Neuen Bundes jüdische oder andere Tempel zu erbauen hätten, um des Heiles teilhaftig zu werden.

In der Stunde des Todes Jesu riß der Vorhang im jüdischen Tempel mitten entzwei. Damit war der Zugang zum Allerheiligsten, d. h. der direkte Zugang zu Gott, durch die Erlösungstat Jesu Christi weit geöffnet, und der Tempel hatte für das Volk des Neuen Bundes seine Bedeutung verloren.

Die Mormonen haben nun, bildlich gesprochen, die auseinandergerissenen Teile des Vorhangs genommen, zusammengenäht und in ihren Tempeln wieder aufgehängt, wo sie erneut eine trennende Funktion erfüllen.

Niemand wird den Mormonen den Glauben verwehren können, angeblich im »Auftrage Gottes« und in Anlehnung an das

»jüdische Vorbild« immer neue Tempel errichten und darin eine bestimmte Tätigkeit absolvieren zu müssen. Es sollte aber ganz deutlich sein, daß das alles, am neutestamentlichen Zeugnis gemessen, mit christlichem Glauben und christlicher Existenz nicht das geringste zu tun hat.

2. *Die Funktion der Tempel*

Wer die eigentliche Funktion und Bedeutung mormonischer Tempel verstehen will, muß sich eine Besonderheit aus dem Lehrsystem der »Heiligen der Letzten Tage« vergegenwärtigen: die Unterscheidung zwischen »Erlösung« und »Erhöhung« sowie die damit verbundene Lehre von den »drei Graden der Herrlichkeit«.

Wenn es in den religiösen Schriften der Mormonen um Charakteristika ihrer Religion geht, ist immer auch von einem »Plan der Erlösung« die Rede; an einer Stelle heißt es sogar, daß »Mormonismus« und »Plan der Erlösung« identisch seien[49]. Den Abhandlungen der betreffenden Autoren ist folgendes Denkmodell zu entnehmen:

Adam und Eva übertraten ein wichtiges Gebot Gottes und wurden deshalb aus dem Garten Eden vertrieben, wobei sie ihre Unsterblichkeit verloren. Dieser Übergang in den sterblichen Zustand hatte positive und negative Folgen. Die positiven bestanden darin, daß die menschliche Spezies in die Lage versetzt wurde, sich zu vermehren und Freude zu empfinden. Seitdem werden nun den im vorirdischen Dasein wartenden Geistfunken die materiellen Körper verschafft, mit und in denen sie die notwendigen Erfahrungen sammeln und geistig-moralische Fortschritte machen können. Die negativen Folgen des Sündenfalls betreffen die Sterblichkeit selbst: Für jeden Menschen gibt es seither ein unausweichliches Ende seiner irdischen Laufbahn durch den Tod, der den unsterblichen Geistfunken vom Körper trennt. Der Leichnam wird in das Grab gelegt, der Geist aber gelangt in ein Zwischenreich, wo eine erste Begutachtung der ankommenden Geister vorgenommen wird. Die

Rechtschaffenen kommen in das ›Paradies‹, wo sie den Frieden genießen, an Weisheit zunehmen und sich von aller Mühe ausruhen. Dieses war auch der Ort, den Jesus dem bußfertigen Mitgekreuzigten versprach: »Wahrlich, ich sage dir, heute wirst du mit mir im Paradiese sein« (Lukas 23,43). Die Bösen dagegen werden in die Finsternis hinausgestoßen, wo Satan seine Herrschaft ausübt.

Damit dieser körperlose Zustand aber nicht in alle Ewigkeit dauern muß, hat ein weiser Schöpfer, lange bevor Himmel und Erde existierten, den »Plan der Erlösung« beschlossen und Jesus Christus darin eine wichtige Aufgabe zugedacht. Durch dessen Sühnopfer wird allen Menschen zur Auferstehung verholfen: Sie werden »erlöst«. Der Vorgang der Auferstehung führt nämlich die einzelnen Geistwesen wieder mit ihren materiellen Körpern zusammen. »Die Urstoffe, aus denen der sterbliche Leib besteht, sind unvergänglich, sie hören nicht auf zu bestehen, sondern werden am Tag der Auferstehung wieder zusammengeführt werden: Bein zu Bein und Fleisch zu Fleisch. Der Leib wird so hervorkommen, wie er bestattet worden ist; denn im Grab gibt es kein Wachstum, keine Entwicklung ...«[50]

Mit der Ermöglichung einer solchen »Auferstehung« für alle Menschen ist der Auftrag Jesu Christi erfüllt; der »Plan der Erlösung« umfaßt aber noch mehr. Jetzt erst erfolgt die eigentliche Prüfung, das »Letzte Gericht«, dem sich alle stellen müssen. Die Auferstandenen werden nach ihren »Werken« beurteilt und anschließend in drei verschiedene »Grade der Herrlichkeit« eingeordnet. Wer sich für die oberste Stufe des wiederum mehrere Abstufungen enthaltenden höchsten Grades qualifiziert hat, gilt nicht nur als »erlöst«, sondern als »erhöht«: Er ist ein Gott geworden.

Darüber, wie man sich nun die einzelnen ›Herrlichkeiten‹ und deren spätere Bewohner vorzustellen hat, gibt der Religionsgründer Joseph Smith in seinem Buch ›Lehre & Bündnisse‹, Abschnitt 76, Auskunft. Es soll sich bei diesen Aussagen um eine ›Offenbarung‹ vom 16. Februar 1832 handeln. Melvin Ballard (1873–1939), ein ehemaliger Mormonen-›Apostel‹, lobte Smiths Ausführungen mit überschwenglichen Worten: »Die er-

habenste uns bekannte Offenbarung des Herrn Jesus Christus an die Menschen ... Wir kennen sie ganz allgemein als ›Das Gesicht‹. Ich betrachte sie als den Höhepunkt aller wunderbaren Offenbarungen, die von den Tagen Adams bis auf die heutige Zeit vom Herrn gekommen sind.«[51]
Die ›Drei Grade der Herrlichkeit‹ werden von unten nach oben als ›Telestiale‹ (unterirdische) –, ›Terrestriale‹ (irdische) – und ›Celestiale‹ (himmlische) Herrlichkeit bezeichnet und bestehen jeweils wieder aus mehreren Abteilungen. In die Telestiale Herrlichkeit kommen diejenigen, »die weder das Zeugnis Jesu noch das Evangelium, noch die Propheten, noch den ewigen Bund annehmen« (Vers 101); »es sind die Lügner und Zauberer, die Ehebrecher und Hurer ...« (Vers 103); »diejenigen, die zur Hölle hinuntergestoßen werden« (Vers 106). Auf der Terrestrialen Stufe wird man jene finden, »die ohne Gesetz gestorben sind« (Vers 72); »die das Zeugnis Jesu nicht im Fleisch, sondern erst später annahmen, auch solche, die auf Erden ehrenhafte Menschen waren, aber durch Menschenlist verblendet wurden« (Verse 74f.). Ein Anrecht auf die Celestiale Herrlichkeit haben sich nur wenige erworben, nämlich ausschließlich die Anhänger des Mormonismus: »diejenigen, welche die Kirche des Erstgeborenen bilden« (Vers 54); »diejenigen, die Priester und Könige sind ... Priester des Allerhöchsten nach der Ordnung Melchizedeks« (Verse 56f.).
Joseph Smith ›offenbarte‹ weiterhin, daß die Bewohner der einzelnen Stufen unterschiedliche Körper, also solche »telestialer«, »terrestrialer« und »celestialer« Struktur, haben würden und daß ein späterer Aufstieg in höhere Grade, wenn die Einordnung in die unteren Bereiche erst einmal vorgenommen worden wäre, nicht mehr möglich sei.
Weit unterhalb oder außerhalb dieses Stufensystems werden die »Söhne der Verdammnis« (Sons of Perdition) die Ewigkeit zubringen müssen. Der amtierende Mormonen-›Apostel‹ Bruce McConkie merkte dazu an: »Luzifer ist die Verdammnis (Perdition). Er wurde dazu durch offene Rebellion gegen die Wahrheit, eine Rebellion im Angesicht von Licht und Wissen ... Seiner Rebellion schlossen sich ein Drittel der himmlischen

Geister an. Diese alle wurden auf solche Weise zu Anhängern, oder Söhnen, der Verdammnis. Sie bekamen keine Körper, wurden auf die Erde geworfen und bildeten den Teufel und seine Engel, eine große Menge Söhne der Verdammnis. Diejenigen, die in diesem Leben vollständiges Wissen über die Göttlichkeit des Evangeliums erlangen, ein Wissen, das nur durch Offenbarung vom Heiligen Geist kommt, und die sich dann mit dem Teufel verbinden und offen rebellieren, werden ebenfalls zu Söhnen der Verdammnis.«[52]

Es ist nicht verwunderlich, daß die Vorgabe des ›Propheten‹ Joseph Smith die Mormonen zu immer weiteren Spekulationen und Ausschmückungen anregte. Orson Pratt, ein ›Apostel‹ aus dem vorigen Jahrhundert, stellte sich das Ganze so vor: »Ein Heiliger, der von der Wahrheit durchdrungen ist, erwartet nicht einen unstofflichen Himmel, sondern einen Himmel, in dem es Länder, Häuser, Städte, Vegetation, Flüsse und Tiere gibt; einen Himmel mit Thronen, Tempeln, Palästen, Königen, Fürsten, Priestern und Engeln; mit Nahrung, Kleidung, Musikinstrumenten usw., alles stofflich. In der Tat ist der Himmel der Heiligen eine erlöste, verherrlichte, celestiale stoffliche Schöpfung, die von verherrlichten, stofflichen wesen bewohnt wird, männlichen und weiblichen, die in Familien geordnet sind, und wozu Ehemann und Ehefrau, Eltern und Kinder gehören, wo jedoch Leid, Schmerz und Tod unbekannt sein werden. Oder, noch genauer, diese Erde wird, verherrlicht, der ewige Himmel der Heiligen sein. Sie erwarten, daß sie mit einem Körper und heiligen Gefühlen leben werden; sie erwarten, daß sie sich auf der Erde bewegen und ihr Dasein führen werden, sie erwarten, zu essen, zu trinken, sich zu unterhalten, zu dienen, zu singen und auf Musikinstrumenten zu spielen, benachbarte Städte und Welten zu besuchen.«[53]

Und M. Ballard etwa verkündigte, daß die Angehörigen der »celestialen Herrlichkeit« auf der Erde leben und alles von früher her wiedererkennen würden. Jeder von ihnen bekäme einen weißen, »Urim und Thummim« genannten Zauberstein, der Anteil an der Macht Gottes verleihe und mit dem man sowohl die Verhältnisse in den unteren »Graden der Herrlichkeit« erforschen als auch im gesamten Weltall »lesen« könne[54]. Die Bewohner der höchsten Stufe existierten in enger Gemeinschaft mit Gott und Jesus Christus und könnten die Menschen in den unteren Bereichen besuchen, was umgekehrt nicht möglich sei, da deren Körper aufgrund anderer Faser- und Gewebestrukturen die »himmlische Herrlichkeit« nicht ertrügen[55].

Da sich Ballard ganz sicher war, daß er und seine Mitmormonen (falls sie alle Regeln befolgten) auf die oberste Stufe gelangen würden, hatte er sich mit der transzendenten Zukunft der anderen Menschen nicht sehr beschäftigt: »Die Bedingungen und Vorschriften, welche diejenigen zu erfüllen haben, die in die irdische oder unterirdische Herrlichkeit kommen, kennen wir nicht. Alles, was uns an Grundsätzen des Evangeliums gegeben wurde, einschließlich der Wassertaufe und des Auflegens der Hände zum Empfangen der Gabe des Heiligen Geistes – all das sind Mittel und Wege, um Männer und Frauen auf die himmlische Herrlichkeit vorzubereiten und in diese eingehen zu lassen. Wir bereiten keine Kandidaten für die irdische oder unterirdische Herrlichkeit vor.«[56] Dennoch glaubte er, daß die außermormonische Menschheit nach der Auferstehung wahrscheinlich auf einen anderen Planeten verbannt würde: »Diese ganze Erde wird himmlisch sein, jeder Teil von ihr, also nicht ein Drittel irdisch und ein Drittel unterirdisch. Es wird alles himmlisch sein, und nur himmlische Wesen werden darauf wohnen. Ich war immer der Meinung, der Herr werde für die Bewohner der unterirdischen Welt eine viel größere Erde brauchen, weil die Zahl derer, welche die unterirdische Herrlichkeit erlangen werden, in die Millionen geht. Sie brauchen einen Planeten, der größer ist als der unsrige.«[57]

Die Verbindung zwischen solchen (irrealen) Spekulationen und der (realen) Funktion der Mormonentempel stellte unter anderem James Talmage her: »Diese drei Reiche von sehr unterschiedlicher Herrlichkeit sind nach einem festen Plan abgestuft. Wir haben gesehen, daß das telestiale Reich mehrere Unterabteilungen enthält; dasselbe gilt auch für das celestiale, und wir dürfen folgern, daß auch in der terrestrialen Welt ein ähnlicher Zustand besteht. Auf diese Weise werden die unzählbaren

Abstufungen der menschlichen Verdienste durch eine unbegrenzt abgestufte Herrlichkeit gewürdigt. Dem celestialen Reich wird die allerhöchste Ehre zuteil, nämlich, daß der Vater und der Sohn persönlich dort wirken. Das terrestriale Reich wird vom höchsten Reich aus verwaltet, aber ohne eine Fülle der Herrlichkeit. Das telestiale Reich wird mit Hilfe des terrestrialen regiert ... Die Erhöhung im Reich Gottes setzt das Erreichen der Stufen im heiligen Priestertum voraus, und damit steht die Zeremonie des Endowments in unmittelbarem Zusammenhang.«[58]

Aus dem letzten Satz, wie aus vielen ähnlichen Formulierungen mormonischer Amtsträger, geht deutlich hervor, daß der »Plan der Erlösung« und die Tempelzeremonien eng zusammenhängen, mehr noch: Die Teilnahme am ›Endowment‹ und den verschiedenen ›Siegelungen‹ wird als entscheidende Voraussetzung für die »Erhöhung im Reich Gottes« angesehen.

Wenn Mormonen von »Erlösung« und »Erhöhung« sprechen, tun sie es meist so, daß sie die dazu notwendigen Bedingungen beschreiben. Damit meinen sie die »Werke« des Menschen, die dem »Sühnopfer« Jesu Christi erst zu seiner vollen Gültigkeit verhelfen, da es jetzt auch noch vom einzelnen Gläubigen sowie seinem Tun und Lassen abhängt, ob das Ziel auch wirklich erreicht wird.

Zu den »Werken« sind im wesentlichen folgende zu zählen: Bekehrung zum Mormonismus, falls man nicht als »Heiliger der Letzten Tage« geboren wurde; Empfang der mormonischen Taufe und des Heiligen Geistes durch das entsprechende Priestertum; Heiraten und Gründung einer Familie, verbunden mit dem Empfang der diesbezüglichen Segnungen und Siegelungen im Tempel; häufige Teilnahme an den Tempelzeremonien und Einhalten der dort übergebenen »Gesetze« und Gelübde; Anerkennung der Mormonenführer als »Seher, Propheten und Offenbarer« und Befolgen aller ihrer Regeln und Anweisungen; Beachten des »Wortes der Weisheit«; Zehntengeben u. a.

»Sie sehen also«, meinte M. Ballard in diesem Zusammenhang, »das Gottwerden liegt in der Reichweite eines jeden Menschen, aber nur diejenigen werden es erlangen, die den Preis bezahlen, die Prüfung bestehen und sich als würdig erweisen, indem sie alle Vorschriften und Bedingungen erfüllen, welche ihre Berufung und Erwählung sicherstellen.[59]«

Auf die Frage, wie denn nun unter solchen Aspekten das Verhältnis zwischen dem »Sühnopfer« Jesu Christi und den »Werken« der Menschen gesehen werde, antwortete ein ehemaliger Mormone mit einem Bild: Das »Sühnopfer« Christi habe für die Menschen quasi ein Auto bereitgestellt; für Benzin sorgen und auch fahren müsse der Mensch allerdings selbst. Hier liege die Hauptfunktion der Tempel: in ihnen gäbe es nämlich das nötige Benzin und auch den Fahrunterricht.

Fawn Brodie schreibt in ihrer Smith-Biographie, daß sich der Religionsgründer durch die Aussage in 1. Korinther 15,40–42 zu seiner ›Offenbarung‹ habe anregen lassen[60]. Und so wird diese Textstelle auch heute noch von mormonischen Autoren gern als Beweis für die Richtigkeit der Smithschen »Vision« herangezogen. Dennoch ergibt schon eine oberflächliche Deutung der genannten Verse, daß diese überhaupt nichts mit den Spekulationen des Joseph Smith zu tun haben.

Paulus versucht hier, die Frage nach dem Wie der Auferstehung zu beantworten und das Verhältnis des sterblichen zum unsterblichen Leib zu erklären. Seine Kernaussage: Das Neue ist nicht die Wiederherstellung des Alten; es entsteht zwar aus dem Alten, wandelt sich aber zu etwas völlig anderem. Paulus verdeutlicht es anhand eines Vorgangs aus der Natur: So wie ein Samenkorn gesät wird und ein Gewächs ganz anderen Aussehens hervorbringt, so wird auch der natürliche Leib im Tode »gesät« und danach als geistiger Leib auferweckt, der nichts mehr mit dem Verwesungsleib gemein hat. Im Gegensatz zu den Mormonen war Paulus also der Auffassung, daß Fleisch und Blut das Reich Gottes nicht ererben würden (1. Korinther 15,50). Der irdische und der himmlische Leib strahlen je einen besonderen Glanz aus, weil sie Teil der Schöpfung bzw. Neuschöpfung Gottes sind; der himmlische Glanz des Auferstehungsleibes ist jedoch mit keiner menschlichen Kategorie zu erfassen.

In seiner ›Offenbarung‹ setzte Joseph Smith nun die Begriffe aus den Versen 40 und 41 einfach in Beziehung zueinander: »himmlisch« (engl. celestial) = »Glanz der Sonne«; »irdisch« (engl. terrestrial) = »Glanz des Mondes«. Für den »Glanz der Sterne« erfand er die Bezeichnung »telestial«, was demnach »unterirdisch« bedeuten sollte.

Allerdings hatte der ›Prophet‹ hier übersehen, daß mit der Aussage in Vers 41 nicht irgendwelche ›Stufen‹ jenseitiger Existenz, sondern der Gegensatz zwischen ›irdischen‹ und ›himmlischen‹ Leibern und auch, im Rückbezug auf Vers 39, die Unterschiede in der Schöpfung Gottes beschrieben werden sollen. Jeder Teil der Schöpfung, wie auch immer gestaltet, hat seinen besonderen Glanz; der der Fische ist jedoch ein ganz anderer als etwa der des Menschen, so wie sich der Glanz der Sterne von dem der Sonne unterscheidet.

II. Voraussetzungen und Vorbereitungen für den Tempelbesuch

»Die Segnungen des Hauses des Herrn sind nicht auf eine bevorrechtigte Klasse beschränkt«, schreibt James Talmage. »Wer der Kirche angehört, darf zum Tempel kommen und dort an den heiligen Handlungen teilnehmen, sofern ihm ein würdiges Leben und Verhalten bescheinigt ist.«[61] Der letzte Halbsatz weist hier auf die entscheidende Bedingung hin.

Wer sich den Mormonen anschließt, muß vom Tage seiner Taufe an gewöhnlich noch ein Jahr warten, ehe er die Berechtigung zum Besuch eines Tempels erhält. Diese Berechtigung besteht in einem sogenannten »Tempelempfehlungsschein«, den sowohl der zuständige Bischof (Gemeindevorsteher) als auch der Pfahl-Präsident (Bezirksleiter) gemeinsam unterschreiben müssen. Sie tun dies, wenn sie mit dem Anwärter auf den Tempelbesuch ein Gespräch geführt haben und die folgenden Fragen zu ihrer Zufriedenheit beantwortet wurden:

»1. Sind Sie moralisch rein und würdig, den Tempel zu betreten?
2. Erkennen Sie die Generalautoritäten der Kirche und die

örtlichen Führer an, und unterstützen Sie sie; leben Sie mit den geltenden Regeln und Lehren der Kirche in Einklang, und werden Sie es auch in Zukunft tun?

3. Haben Sie irgendwelche Verbindung mit irgendeiner der abtrünnigen Gruppen oder Personen, die den geltenden Regeln und Lehren der Kirche entgegenstehen, oder sympathisieren Sie mit ihnen?
4. Zahlen Sie den vollen Zehnten?
5. Verhalten Sie sich Ihren Mitmenschen gegenüber ehrlich?
6. Befolgen Sie das Wort der Weisheit?
7. Tragen Sie, wie vorgeschrieben, das Garment?
8. Werden Sie sich wirklich ernstlich bemühen, in der Kirche Ihre Pflicht zu erfüllen, die Abendmahls-, Priestertums- und die anderen Versammlungen zu besuchen und den Regeln, Gesetzen und Geboten des Evangeliums gehorsam zu sein?
9. Ist Ihnen jemals ein Tempelempfehlungsschein verweigert worden? (Falls ja, stellen Sie den Tag der Verweigerung fest, den Namen des Bischofs/Gemeindepräsidenten sowie der Gemeinde und des Pfahles/der Mission.)
10. Sind Sie schon einmal geschieden worden? Wenn ja, was war der eigentliche Grund der Scheidung? Sind Sie, falls Ihre Ehe im Tempel geschlossen worden war, von der Ersten Präsidentschaft freigegeben worden?«[62]

Wer das Schrifttum der Mormonen durchsieht, besonders Periodika und Schulungsmaterial, stößt sehr häufig auf Artikel, in denen die Wichtigkeit oder gar Heilsnotwendigkeit der Teilnahme an den Tempelhandlungen betont wird. Daneben finden sich regelrechte Aufrufe, wie etwa der folgende: »Ihnen allen sage ich: ›Kommt zum Tempel – wenn nicht jetzt, dann später!‹ Beten Sie inbrünstig, bringen Sie Ihr Leben in Ordnung, sparen Sie, soviel Sie können, in der Hoffnung, daß dieser Tag kommt. ... Ich ermahne Sie alle dringend: Bewahren Sie sich Ihren Glauben und Ihre Hoffnung und nehmen Sie sich fest vor zu kommen – nehmen Sie sich fest vor, daß Sie würdig sein und zum Tempel kommen werden.«[63]

Allerdings wird der Tempelschein-Inhaber aus keiner internen,

geschweige denn öffentlichen Publikation der Mormonen irgend etwas darüber erfahren, was denn nun im Tempel wirklich geschieht. Ein ›Neuer‹ erhält vor seinem ersten Besuch also keine Gelegenheit, die Rituale und ihre Inhalte kennenzulernen und kritisch zu prüfen oder sich auch nur seelisch auf sie einzustimmen. Selbst innerhalb der mormonischen Familien scheint das Thema ›Tempelrituale‹ tabu zu sein. Man spricht zwar ganz allgemein über die dortigen Segnungen, Siegelungen und Totentaufen, aber nicht über Wortlaut und Struktur der betreffenden Zeremonien.
Seit längerem bieten die Mormonen »Seminare zur Vorbereitung auf den Tempel« an. Den »Priestertumsführern im Pfahl, in der Gemeinde und im Kollegium« soll geholfen werden, so heißt es in der Einleitung zu einem entsprechenden Lehrbuch, mit Hilfe eben dieses Unterrichtsmaterials »Seminare zu planen und durchzuführen, die es den Mitgliedern erleichtern, sich auf die Segnungen des Tempels vorzubereiten«[64].
Verschiedene Themen werden bei dieser Schulung besprochen: »Der Mensch«, »Die Familie«, »Reich Gottes«, »Heilige Schriften«, »Zeugnis«, »Sabbat« usw., nicht jedoch das ›Eigentliche‹. In Kapitel 12 des Lehrbuches (Überschrift: »Die Vorbereitung auf den Tempel«) liest der Seminarleiter folgenden Hinweis: »Für viele Mitglieder der Kirche ist der Tempel ein sehr geheimnisvoller Ort. Zweck dieses Unterrichts ist es, in jedem Teilnehmer den Wunsch zu wecken, die heiligen Handlungen im Haus des Herrn zu empfangen. Es mag sein, daß Ihnen dies als eine überwältigende Aufgabe erscheint; aber wenn Sie beten und sich ausreichend vorbereiten, wird der Herr Ihnen helfen, diesen Unterricht angemessen zu gestalten. Jede Diskussion über den Tempel ist mit äußerster Vorsicht und Sorgfalt zu führen. Vieles, was im Tempel geschieht, darf außerhalb des Tempels nicht besprochen werden. Der Maßstab dafür, worüber man außerhalb des Tempels reden darf, sind die Aussagen von Aposteln und Propheten, in deren gedruckten Predigten und Reden die Tempelarbeit beschrieben wird. Falls über den Tempel Fragen gestellt werden, die sich mit diesen öffentlichen Aussagen nicht beantworten lassen, sollten Sie mit

TEMPEL EMPFEHLUNGSSCHEIN

Ausgestellt für: ....

(Bitte in Druckbuchstaben den vollen Namen)

Gemeinde: .... Pfahl/Mission: ....

Der Bischof/Gemeindepräsident soll in Handschrift mit seinen Initialen hier angeben, für welche der nachstehend aufgeführten Verordnungen dieser Empfehlungsschein gültig ist.

Alle Verordnungen für Verstorbene: ....

Eigenes Endowment: ....

Nur Taufe für Verstorbene: ....

Eheschließung (für Europa nicht zutreffend): ....

Siegelung nach standesamtlicher Trauung: ....

Siegelung an die Eltern: ....

Männlich ☐ Priestertum .... Weiblich ☐

Ledig ☐ Verheiratet ☐ Witwe(r) ☐ Geschieden ☐

Unterschriften:

....

Bewerber

....

Bischof/Gemeindepräsident

....

Einer von der Pfahl-/Missionspräsidentschaft

Datum:

....

Ausstellungsmonat	Eintritt der Ungültigkeit
Dez., Jan., Febr.	28. 2. des nächsten (bei Dez. übernächsten) Jahres
März, Apr., Mai	31. 5. d. nächsten Jahres
Juni, Juli, Aug.	31. 8. d. nächsten Jahres
Sept., Okt., Nov.	30. 11. d. nächsten Jahres

Falls dieser Empfehlungsschein für das eigene Endowment, die eigene Siegelung nach standesamtlicher Trauung oder für die Siegelung an die Eltern ausgestellt wird, so muß dieser Abschnitt vollständig ausgefüllt werden.

Ausgestellt für: ....
(Bitte in Druckbuchstaben den vollen Namen)

Gemeinde: .... Pfahl/Mission: ....

Nummer der Einheit: .... Akten-nummer: ....

Männlich ☐ Priestertum .... Weiblich ☐

Ledig ☐ Verheiratet ☐ Witwe(r) ☐ Geschieden ☐

Geburtstag: ....

Geburtsort: ....
Ort Landkreis Staat/Land

Tauftag: ....

Wenn bereits Endowment empfangen,

wann: .... Tempel: ....

Voller Name des Vaters: ....

Voller Mädchenname der Mutter: ....

Voller Name des Gatten (der Gattin): ....

Datum der standesamtlichen Trauung: ....

Ort der standesamtlichen Trauung: ....

(Wird vom Tempel ausgefüllt)

Eheschließung ☐ Eigenes Endowment ☐ Siegelung nach standesamtl. Trauung ☐

Nur zu siegeln ☐ ....

folgenden Worten reagieren: ›Die Antwort auf diese Frage werden Sie erhalten, wenn Sie den Tempel besuchen.‹ Aus diesem Grund empfehlen wir dem Lehrer, sich eng an den vorgesehenen Ablauf des Unterrichts zu halten und Diskussionen über Fragen auszuweichen, die die Teilnehmer nur verwirren können. Wir hoffen, daß dieser abschließende Unterricht jeden Teilnehmer dazu bewegen wird, sich so vorzubereiten, daß er würdig wird, ins Haus des Herrn zu gehen.«[65]
Eine andere Stimme meinte in diesem Zusammenhang: »Nun möchte ich den Lehrern, den Bischöfen und Pfahlpräsidenten noch einige Ratschläge geben. Selbstverständlich kann niemand durch eine einzige Erfahrung alles über den Tempel lernen, aber wenn Sie Ihre Mitglieder für den Tempel bereitmachen möchten, dann lehren Sie sie das Evangelium. Versuchen Sie nicht zu lehren, was im Tempel vor sich geht. Um dies zu lernen, gehen wir ja gerade in den Tempel.[66]«
Mit seinem System von Bedingungen, Voraussetzungen und Tempelempfehlungsscheinen hat der Mormonismus für seine Anhänger, die sich subjektiv ehrlich wohl auf den Weg machen und Gott finden wollen, psychologische, aber auch unbiblische Barrieren aufgerichtet. Das Neue Testament verheißt uns, daß wir einzig und allein durch Jesus Christus Zugang zu Gott finden (Johannes 14,6), und nicht durch die Anerkennung irgendwelcher von Menschen aufgestellter Regeln oder mormonischer Sonderlehren. Und Jesus Christus selbst läßt uns bedingungslos zu sich kommen (Matthäus 11,28), auch ohne Tempelempfehlungsschein.

III. Das Endowment

1. Der Gesamtkomplex

Die Mormonen selbst bezeichnen das, was im Tempel vor sich geht, als »heilige Handlungen«, in deren Rahmen die Teilnehmer Belehrungen hören, Gelübde ablegen, Verpflichtungen übernehmen und Segnungen empfangen. Hierdurch würden für sie die notwendigen Voraussetzungen geschaffen, das Ziel der »Erhöhung« zu erreichen; der entscheidende Part liege allerdings bei jedem selbst, nämlich die gestellten Bedingungen auch wirklich und vollständig zu erfüllen.

»Unter den heiligen Handlungen im Tempel gibt es nichts, aber auch gar nichts, was nicht erbaulich wäre und der Heiligung diente. Jede Einzelheit der Endowment-Zeremonie fördert die Sittlichkeit im Leben, die Hingabe an hohe Ideale, an die Wahrheit; sie steigert die Liebe zur Heimat und die Hinwendung zu Gott.«[67] Dem kritischen Beobachter erscheinen die »heiligen Handlungen« jedoch eher als eine kuriose Mischung aus Laienspiel (zur Vermittlung mormonischer Sonderlehren), religiösen Zeremonien und geheimsektiererischen Praktiken, wobei alle Elemente, einschließlich der Teilnehmer, auf raffinierte Weise miteinander verwoben sind.

Als Verfasser bzw. Bearbeiter des Endowments, über das die Zeitung ›Warsaw Signal‹ (Illinois) am 15. April 1846 einen ersten größeren Bericht veröffentlichte, haben wohl Joseph Smith und Brigham Young zu gelten. Die inhaltlichen Aussagen stammen demnach von Smith, da sie in den Grundzügen schon in seinen Schriften »Lehre & Bündnisse« und »Die Köstliche Perle« (hier besonders »Das Buch Abraham«) enthalten sind. Einer Aussage Brigham Youngs zufolge habe er selbst dann den ganzen Stoff in einen systematischen Rahmen gebracht:

»Als wir damals unsere Waschungen und Salbungen aus den Händen des Propheten erhielten, hatten wir dafür nur einen einzigen Raum. Dort wurden wir gewaschen und gesalbt, bekamen unsere Gewänder umgehängt und erhielten unsere neuen Namen. Und nachdem er diese Zeremonien ausgeführt hatte, gab er die Schlüsselworte, Gesten, Zeichen und Strafen. Danach gingen wir in den großen Raum über dem Laden in Nauvoo. Smith teilte den Raum ab, so gut es ging, hängte den Vorgang auf, versah ihn mit Markierungszeichen, gab uns Anweisungen, als wir von einem Teil des Raumes in den anderen gingen und gab uns wieder die Schlüsselworte, Gesten und Zeichen, die dazugehören. Nachdem wir damit fertig waren, sagte

Bruder Joseph zu mir: ›Bruder Brigham, das ist alles noch nicht ganz richtig, aber wir haben unter den gegebenen Umständen das Beste daraus gemacht. Ich möchte, daß du die ganze Sache in die Hand nimmst und diese Zeremonie organisierst und systematisierst mit den Zeichen, Gesten, Strafen und Schlüsselworten.‹ Das habe ich getan; und als wir dann durch den Tempel in Nauvoo gingen, da wußte ich ganz genau, wie ich sie zu plazieren hatte. Unsere Zeremonien waren höchst korrekt.«[68]

In ihrer Smith-Biographie »No Man Knows My History« merkt Fawn Brodie im Hinblick auf die zeitliche Entstehung des Endowments an: »Im Frühjahr 1842 wurden die einfachen Riten der Waschungen und Salbungen, die schon im Kirtland-Tempel durchgeführt wurden, zu einem komplizierten und geheimnisvollen Zeremoniell umgearbeitet, das eine Zeitlang ebenso geheimgehalten wurde wie die Polygamie. Zunächst wurden nur Männer zur Einweihung zugelassen, aber im Frühjahr 1844 bekamen auch Frauen dieses Privileg.«[69]

Im Mai 1842, als Joseph Smith sieben führende Mormonen in die »Prinzipien und die Ordnung des Priestertums« einweihte, mit dem Schwerpunkt auf Waschungen, Salbungen und Endowments, lag das Tempel-Zeremoniell, Fawn Brodie zufolge, schon ausgearbeitet vor. Im Laufe der Zeit ist dieses ›Ur-Endowment‹ an manchen Stellen lehrmäßig geglättet und inzwischen durch den Einsatz moderner Medien (Filme, Video, Tonbandkassetten u. a.) der heutigen Didaktik angepaßt worden.

Der Gesamtkomplex des Rituals läßt sich als Versuch verstehen, die Frage nach dem Woher und Wohin des Menschen ›mormonisch‹ zu beantworten und dabei gleichzeitig die Lehre vom »immerwährenden Fortschritt« handgreiflich zu vermitteln. Das Endowment zeichnet also den Weg nach, den ein ›Geistfunken‹ vom Verlassen der ›himmlischen Welt‹ bis zur Rückkehr dorthin durchläuft. Bei der irdischen Geburt (Einkörperung des ›Geistfunkens‹) betritt er als sterblicher Mensch die materielle Welt, durchwandert sie und kehrt schließlich »belehrt«, »geistig entwickelt« und mit den notwendigen Erkennungszeichen versehen nach dem irdischen Tod in das ›celestiale Reich‹ zurück, um dort dann als »Gott« auf der höchsten Stufe ewig zu existieren. In diesem typisch gnostischen ›U‹-Bogen schwingen nun die Ritual-Teilnehmer symbolisch mit.

2. Waschungen und Salbungen

Die Endowment-Zeremonie beginnt mit einer ganz praktischen Handlung: Jeder Tempelbesucher wird, zumindest beim ersten Mal, rituell gewaschen und gesalbt, um ihn physisch und emotional auf das Kommende vorzubereiten und durch die Salbung mit besonderen Segnungen zu versehen.
Die zeremoniellen Waschungen und Salbungen hatte Joseph Smith in den Wochen vor der Einweihung des Kirtland-Tempels entwickelt und zunächst im Kreise seiner ›Apostel‹ und engsten Vertrauten praktiziert. Er war der Meinung gewesen, daß es irgendein Reinigungsritual geben müsse, um »sein Volk« symbolisch von den Sünden reinzuwaschen. Bei der Lektüre des Neuen Testaments hatte er festgestellt, daß in der Urgemeinde wohl Fußwaschungen und Salbungen üblich gewesen waren, und hatte sich dann seine eigenen Gedanken gemacht.
Über den weiteren Fortgang der Dinge schreibt Fawn Brodie: »Einige Tage vor der offiziellen Tempelweihe am 27. März 1836 machte er seine führenden Ältesten mit den neuen Riten vertraut. Er versammelte sie in einem Kreis um seinen in der Mitte sitzenden Vater. In der linken Hand hielt er eine Flasche Öl; er erhob seine rechte Hand zum Himmel und bat die Männer, das gleiche zu tun. Mit großem Ernst segnete er das Öl und goß ein paar Tropfen davon auf den Kopf des alten Mannes. Dann traten die Ältesten hinzu und legten ihre Hände auf den Kopf von Smith sen., während Joseph ihn mit Worten segnete, die eine gewisse Beredsamkeit und Schönheit aufwiesen: ›Der Himmel ist offen‹, sagte er sanft, sein Gesicht vom Kerzenlicht weiß, ›und ich schaue das celestiale Reich Gottes … Ich sehe die transzendente Schönheit des Tores, durch das die Erben jenes Reiches hineingehen werden, das wie von Feuerflammen umgeben ist; und den strahlenden Thron Gottes sehe ich, worauf

der Vater und der Sohn sitzen‹.« Im Hinblick auf die Waschung meint Fawn Brodie: »Das Waschungs-Ritual selbst mag Joseph wohl als zu delikat angesehen haben, um es in seinem Tagebuch zu beschreiben.«[70]

a) Mit den Waschungen weist das Mormonen-Endowment ein Element auf, das auch zum Bestand anderer Religionen und Kulte gehört und bis in die Frühzeit menschlicher Religiosität zurückreicht. In der Urerfahrung des Menschen, es mit göttlichen und dämonischen Mächten zu tun zu haben, ist wohl der Ausgangspunkt für die verschiedenen, oft magisch verstandenen Reinigungszeremonien zu sehen, wobei der Gegensatz ›Gottheit-Mensch‹ die Analogie des Gegensatzes ›rein-unrein‹ begründete. Wer sich als Mensch der Gottheit nähern will, muß sich deshalb zunächst in einen Zustand körperlicher und seelisch-geistiger Reinheit bringen. Durch eine entsprechende Handlung kann man sich aber auch von ›Anhaftungen‹ durch dämonische Mächte befreien. Seit jeher ist Wasser als das brauchbarste und symbolkräftigste Reinigungsmittel benutzt worden; in manchen ursprünglichen (primitiven) Kulturen finden sich statt dessen jedoch Urin, Kuhmist, Asche, Rauch oder Baumsäfte.

Besondere rituelle Waschungen waren immer auch für Kultpriester vorgesehen, die hauptamtlich mit der jeweiligen Gottheit zu tun hatten. Das alttestamentliche Judentum etwa hat entsprechende Regeln in 2. Mose 30,17ff. und 3. Mose 16,24 überliefert. Die heiligen Schriften anderer Religionen enthalten ähnliche Anweisungen für ihre Priester. Heute gehören Waschungen dieser Art ganz allgemein zur religiösen Praxis von Moslems, Hindus, Shintoisten u. a.

In das Christentum hat die rituelle Waschung in Form der Taufe Eingang gefunden, was besonders noch bei der Taufe durch Untertauchen erkennbar wird. Dabei handelt es sich jedoch nicht, wie bei den Reinigungszeremonien der anderen Religionen, um eine Handlung, die der Mensch an sich selber vornimmt, um vor der Gottheit ›rein‹ zu sein, sondern umgekehrt um ein Handeln Gottes am Menschen (dem Täufling).

Da die Mormonen neben ihrer Taufe noch die Waschung zelebrieren, muß diese einem besonderen Zweck dienen. Der Tempelarbeiter nennt ihn gleich zu Beginn des Ritus: »... damit Sie vom Blut und von den Sünden dieser Generation rein werden«. Erstaunlicherweise werden aber beim Benetzen (Waschen) der einzelnen Körperpartien nun nicht die Verfehlungen (»in Worten und Werken«) genannt, die damit vielleicht begangen wurden: das Böse, das sich der Kopf (Verstand) ausdachte; die Schlechtigkeit, die die Ohren hörten; die Lüge, die der Mund weitergab; die Falschheit, die das Herz verbarg; die Hilfe, die die Hände und Arme nicht gewährten, usw. Statt dessen werden überwiegend Wünsche für allgemeines Wohlbefinden und für die Gesundheit einzelner Körperteile ausgesprochen. Lediglich drei Organe bekommen eine religiöse Ausrichtung, im Kontext dieser Tempelrituale aber wohl eindeutig auf den Mormonismus eingegrenzt: Die Ohren mögen das Wort des Herrn hören (sicher das mormonische ›Evangelium‹); die Augen sollen zwischen Wahrheit (= Mormonismus) und Irrtum unterscheiden, und die Arme mögen so stark sein, »daß sie das Schwert der Gerechtigkeit zur Verteidigung von Wahrheit und Tugend führen«, was die Tempelbesucher gewiß auch in ihrem Sinne verstehen.

b) Nach der »Bestätigung der Waschung« (Confirmation of Washing) wird als nächster Schritt die »Salbung« vorgenommen, bei der der Tempelarbeiter die gleichen Körperteile des ›Endowee‹ berührt und die gleichen formelhaften Worte spricht wie bei der Waschung. Die wesentliche Erweiterung liegt hier in der Ankündigung, daß die Ritual-Teilnehmer jetzt die Voraussetzung dafür schaffen, »Könige und Priester« (bzw. »Königinnen und Priesterinnen«) zu werden, um als solche »einst im Hause Israel auf ewig zu herrschen und zu regieren«.

Der Gebrauch von Ölen und Fetten hat schon sehr früh über den rein kosmetischen und körperpflegenden Aspekt hinaus auch religiöse Bedeutung erlangt. In den Kulturen des Alten Orients wurden besonders Könige, Priester und Beamte durch das Ritual der Salbung in ihr Amt eingesetzt, womit eine Übertragung von Ehre, Macht und Ansehen verbunden war, bei den Priestern auch ein gewisser Schutz vor dem Profanen.

Die Israeliten übernahmen aus ihrer heidnischen Umwelt wahrscheinlich mit der Institution des Königtums zugleich auch das Ritual der Königssalbung. 2. Könige 9,3 und 6 berichten von solch einem Vorgang, bei dem aus einem ›Ölhorn‹ Olivenöl auf das Haupt eines Auserwählten gegossen und dazu der Salbungsspruch rezitiert wird. Damaligem Verständnis zufolge standen die israelitischen Könige als Gesalbte in einer besonderen Position vor Gott und hatten direkten Kontakt mit ihm. Nach dem Exil ist in Israel auch die Salbung von Hohenpriestern vorgenommen worden, als diese einige vorher vom König wahrgenommene Kultfunktionen übertragen bekamen.

Auch im Neuen Testament ist von Salbungen die Rede, wobei jedoch deutlich unterschieden wird zwischen dem rein äußerlichen Vollzug des Bestreichens mit Öl, etwa bei der Krankenheilung (Markus 6,13 und Johannes 5,14 – griechisches Verb ›aleipho‹), und der Salbung im übertragenen Sinne (z. B. Apostelgeschichte 4,27 und Lukas 4,18 – griechisches Verb ›chrio‹). An zwei Stellen wird die allgemeine Salbung der Christen erwähnt, womit hier die Übertragung des Geistes der Wahrheit gemeint ist, der die Erkenntnis gibt (1. Johannes 2,27), oder einfach, wie bei Paulus (1. Korinther 1,21), die Erwählung und Eingliederung in die Gemeinde. Nirgends wird jedoch davon gesprochen, daß Christen sich irgendeiner geheimen Salbung unterziehen müßten als Voraussetzung dafür, »einst als Priester und Könige im Hause Israel auf ewig zu herrschen«.

Es könnte sein, daß Joseph Smith bei der Formulierung dieses Salbungsrituals die beiden Verse Offenbarung 5,10 und 20,6 vor Augen hatte. Aus 5,10 geht hervor, daß das Lamm aus jedem Stamm und Volk durch sein Blut Menschen losgekauft und für Gott zu »Königen« und »Priestern« gemacht hat, die auf Erden herrschen werden. Vers 20,6 erwähnt solche, die im Glauben treu gewesen sind und sogar den Märtyrertod erlitten haben; sie werden als »Priester Gottes und Christi« mit Christus im Tausendjährigen Reich amtieren.

Die Deutung dieser Verse ist aufgrund der zeitgebundenen dunklen Bilder, Symbole und Vorstellungen, die das Buch der

Offenbarung charakterisieren, nicht ganz einfach. Es ist aber wahrscheinlich, daß der Seher Johannes mit diesen Verheißungen den damaligen Gemeinden Mut machen wollte, auch in notvollen Zeiten den Glauben an Jesus Christus festzuhalten, selbst wenn es den Verlust des Lebens bedeuten sollte. Denen, die es tun, wird die Teilhabe an Leben und Herrschaft Christi zugesagt, der im eigentlichen Sinne als »König« und »Priester« zu gelten hat.
Es ist wohl kaum möglich, aus dieser Verkündigung ein mormonisches Salbungsritual abzuleiten, das zudem allen Teilnehmern daran die Ausgangsbasis verschaffen soll, eben jene genannten »Könige« und »Priester« zu werden. Das hieße letztlich doch auch, von menschlicher Seite her die Souveränität Gottes zu bedrängen und in Frage zu stellen.

Anmerkung:
Als höchste Tempelzeremonie wird die »Zweite Salbung« (The Second Anointing) vollzogen, allerdings nicht in allen Tempeln; sie ist ranghohen Mormonenführern vorbehalten. Über dieses Ritual liegen bisher keine schriftlichen oder mündlichen Informationen vor.

3. Die Tempelkleidung

Der Aufenthalt im Tempel ist nur in der vorgeschriebenen weißen Tempelkleidung gestattet, die die ›Patrons‹ entweder von zu Hause mitbringen oder auch im Tempel gegen eine kleine Gebühr leihen können. Jeder Tempel betreibt eine eigene Wäscherei und Näherei, damit diese besonderen Kleidungsstücke nicht »nach draußen« gegeben werden müssen.
Einer von der mormonischen Hilfsorganisation für Frauen (Relief Society) am 1. Juni 1968 in Salt Lake City herausgegebenen Liste zufolge benötigen die ›Patrons‹ für die Teilnahme an den »heiligen Tempelhandlungen« folgende Kleidungsstücke, die die Relief Society auch anfertigt und ausliefert:

Männer: Obergewand (robe), Kappe (cap), Schurz (apron), Hose (trousers), Hemd (shirt), Krawatte (tie), Kniehose (hose), Gürtel (belt), Poncho (shield), Schuhe (shoes or heavy moccasins) und das Priestertumsgewand alten Stils.

Frauen: Obergewand, Schleier (veil), Schurz, Poncho, Kleid (dress), Slip, Kniehose, Schuhe und das Priestertumsgewand alten Stils.

Von den aufgezählten Kleidungsstücken spielt dieses für Männer und Frauen gleichermaßen geforderte »Priestertumsgewand« (Garment of the Holy Priesthood) die wichtigste Rolle, auch im Alltagsleben der Mormonen. Joseph Smith hatte bei der Ausarbeitung seiner Tempelzeremonie von den Freimaurern (siehe Kapitel III/6) auch die Idee eines speziellen ›Gewandes‹ übernommen. In seinem Kontext deutete er dieses ›Gewand‹ jedoch als Symbol für die Fellkleidung Adams und als Hinweis auf dessen Priestertum. Zunächst handelte es sich dabei um ein einfaches Hemd mit Schnüren oder Knochen-Knöpfen (Metall war, wie bei den Freimaurern, nicht erlaubt). Es wurde nur für den Vollzug des Tempelrituals angezogen und dann, als eine Art Amulett gegen »zerstörerische Mächte«, an einem versteckten Ort aufbewahrt. Sehr schnell jedoch entwickelte sich daraus ein etwas unbequemes, aus grobem Leinen bestehendes, hemdhosenähnliches Untergewand (Beinlinge bis zu den Knöcheln, Ärmel bis zu den Handgelenken, direkt am Hals geschlossen), das man nach der erstmaligen Weihe im Tempel ständig, d. h. Tag und Nacht, als Schutz gegen alles Böse anhaben mußte. An dieser Verpflichtung, es immer zu tragen, hat sich bis heute im Grunde nichts geändert.
Lange Zeit wurde an der Vorstellung festgehalten, daß dieses »heilige Gewand« in keiner Weise verändert werden dürfte. Noch 1918 ließ die »Erste Präsidentschaft« die Mormonen-Bischöfe wissen: »Das Priestertumsgewand, das von jenen getragen wird, die ihr Endowment erhalten, muß weiß sein und dem vorgeschriebenen Muster entsprechen; es darf nicht geändert oder verstümmelt werden und muß getragen werden wie im-

mer, bis zu den Knöcheln und Handgelenken und am Hals geschlossen. Bitte teilen Sie allen jenen mit, denen Sie Empfehlungsscheine ausstellen, daß diese Vorschriften zwingend sind; ... Die Heiligen sollten wissen, daß der Zuschnitt des Endowment-Gewandes vom Himmel her offenbart wurde und daß die Segnungen, die in Verbindung mit dem Tragen [des Gewandes] verheißen sind, nicht Wirklichkeit werden, wenn irgendwelche unerlaubten Änderungen vorgenommen werden ...«[71]

Diese Anweisung sollte aber schon fünf Jahre später nicht mehr so streng beachtet werden müssen. Die »Erste Präsidentschaft« hatte nämlich »unter Gebet« nachgedacht und dann am 14. Juni 1923 festgestellt, daß »niemals eine festgelegte Form des Priestertumsgewandes existierte« und daß nach Belieben die Ärmel auf Ellbogenlänge und die Beinlinge auf Knielänge gekürzt und der Halsabschluß tiefer angesetzt werden könnten.

Am 23. August 1955 beklagte sich die »Präsidierende Bischofschaft« in einem Rundschreiben an »Bischöfe« und »Pfahl-Präsidenten« darüber, daß eine ganze Reihe von Mormonen zu unbesonnen mit dem Tempelgewand umgingen. Bei der Freizeitarbeit, beim Camping, Rasenmähen, Autofahren und bei anderen Gelegenheiten würde die Oberbekleidung abgelegt und das »heilige« Untergewand den Blicken der Öffentlichkeit preisgegeben. So etwas sei nicht in Übereinstimmung mit dem »heiligen Zweck« des Tempelgewandes und dürfe daher nicht geduldet werden.

Seit seiner Einführung in das Tempelritual durch Joseph Smith weist jedes Priestertumsgewand vier Markierungen auf, von denen zwei, nämlich das Winkelmaß auf der rechten Brustseite und der Zirkel auf der linken, ebenfalls aus der freimaurerischen Symbolik entlehnt sind. Allerdings hat Smith die mauerische Deutung völlig verändert und seiner eigenen Religion angepaßt. Das Winkelmaß soll nicht Recht und Gerechtigkeit anzeigen, sondern »die Genauigkeit und Ehre, mit der in Übereinstimmung gelebt wird mit allen Bündnisverpflichtungen, die im Tempel übernommen wurden«. Der Zirkel steht nicht für Menschenliebe und Bruderschaft, sondern für die Beherrschung im Bereich der »Wünsche, Triebe und Leidenschaften innerhalb der Grenzen, die der Herr festgesetzt hat«. Die anderen beiden Markierungen sind kleine Einschnitte in der Nähe des Bauchnabels (»… Mahnung daran, daß Körper und Geist ständig der Nahrung bedürfen«) und über dem rechten Knie (»… bedeutet, daß sich jedes Knie beugen und jede Zunge bekennen soll, daß Jesus der Christus ist«).

Im Hinblick auf junge Mormonen bei der Armee und der damit verbundenen Problematik im Zusammenhang mit Priestertumsgewand und Markierungen schlug Präsident David O. McKay in einem Brief vom 31. August 1964 folgende Regelung vor: »Wo die militärischen Vorschriften das Tragen des regulären Priestertumsgewandes unmöglich machen, sollte man sich bemühen, Unterwäsche zu tragen, die dem normalen Priestertumsgewand so nahe wie möglich kommt … Wenn gemäß den militärischen Vorschriften das Tragen zweiteiliger Unterwäsche erforderlich ist, sollte diese Unterwäsche mit den genauen Markierungen versehen werden, so als ob es sich um das eigentliche Gewand handelt.« Für den Fall, daß die Unterwäsche in eine große öffentliche Wäscherei geht, wird dieses vorgeschlagen: Die Markierungen sollen auf kleinen Stoffstückchen angebracht und diese auf die Unterwäsche genäht werden. Vor dem Transport in die Wäscherei solle man die Stoffstückchen entfernen und hinterher wieder an der Unterkleidung befestigen.

Auch wenn es für den Alltagsgebrauch des »Gewandes« heute viele Erleichterungen gibt, so muß für den Vollzug des Tempelrituals aber immer noch das »Priestertumsgewand alten Stils« mitgebracht werden.

Das von den Mormonen in der beschriebenen Weise benutzte Kleidungsstück hat nichts mit irgendeiner Amtstracht zu tun, sondern ist eindeutig, dem von den Mormonen selbst beschriebenen Zweck zufolge, dem Bereich der Magie und des Aberglaubens zuzuordnen.

4. Das Drama und seine Personen

Nach Waschung, Salbung und Anlegen des Priestertumsgewandes sowie einigen Hinweisen zum technischen Ablauf beginnt ein Schauspiel, das etwa die erste Hälfte des gesamten Endowments umfaßt und im Sprachgebrauch der Mormonen zur Kategorie der »Belehrungen« gehört. Die Tempelbesucher sollen belehrt werden »über die wesentlichen Ereignisse der Schöpfung, das Dasein unserer Stammeltern im Garten Eden, ihren Ungehorsam und die darauffolgende Vertreibung von jenem gesegneten Ort und ihren Zustand in der einsamen und öden Welt ...«[72].

Als Vorlage für einen Teil ihres Schauspiels haben die Verfasser zwar die biblischen Berichte aus 1. Mose 1–3 herangezogen, diese jedoch in dichterischer Freiheit so weit ›bearbeitet‹, daß auch ihre eigenen, nichtbiblischen Sonderlehren darin Platz finden konnten.

Im Gegensatz zum alttestamentlichen Zeugnis etwa, das Gott als souveränen Schöpfer verkündigt – er ruft durch sein gebietendes Wort Himmel und Erde ins Dasein (creatio ex nihilo) –, läßt Joseph Smith hier, seiner Götterlehre entsprechend, zwei göttliche Wesen (›Jehova‹ und ›Michael‹) auftreten, die im Auftrage eines dritten Gottes (›Elohim‹) tätig werden. Sie finden bei ihrem »Hinuntergehen« bereits Materie vor, aus der sie die Erde formen können. So hatte es Smith auch in seiner Schrift ›Das Buch Abraham‹ ausgedrückt: »Und dann sagte der Herr: Laßt uns hinuntergehen. Und sie gingen hinab am Anfang, und sie, das heißt die Götter [!], gestalteten und formten Himmel und Erde« (Kp. 4,1). Anders als in der biblischen Erzählung soll es sich bei dieser Erschaffung von Himmel und Erde auch nicht um einen einmaligen und erstmaligen Vorgang, sondern nur um eine Kopie schon vorher von den Göttern geschaffener Welten gehandelt haben.

In dem Abschnitt über den Sündenfall (»Garten Eden«) finden sich wiederum auffällige Abweichungen von der biblischen Vorlage. Nicht Eva, sondern Adam hat hier den ersten Kontakt zur antigöttlichen Macht; Joseph Smith läßt diese

auch nicht als Schlange, sondern personifiziert als Luzifer auftreten.
In der späteren Verführungsrede gegenüber Eva benutzt Luzifer ein Argument aus der mormonischen Entwicklungsideologie, daß nämlich auch Gott sein Wissen durch den Genuß der Frucht der Erkenntnis erlangt habe (und demnach nicht von Anfang an allwissend gewesen sein konnte).
Als Eva der Versuchung erliegt und sich daraufhin an Adam wendet, kommt dieser zu der Einsicht, daß der Sündenfall notwendig sei, »auf daß Menschen sein werden«. Nachdem Eva nämlich durch das Essen der Frucht sterblich geworden war, mußte Adam diesen Schritt willentlich nachvollziehen, um dem Gebot Gottes: »Seid fruchtbar und mehret euch«, gehorchen zu können, was im Zustand der Unsterblichkeit nicht möglich gewesen wäre. So wird der Sündenfall in der Sicht der Mormonen nicht zum Aufbegehren des Menschen gegen Gott, sondern zum Heilsereignis: »Adam fiel, aber er fiel in die richtige Richtung. Er fiel dem Ziel entgegen .. Adam fiel, aber er fiel nach oben.«[73]
Das Drama weist einen recht bunt gemischten Personenkreis auf. Da ist zunächst die Gruppe der »Götter«. Mit seinem ›Elohim‹ wollte J. Smith wahrscheinlich eine dem Gott der Bibel entsprechende Gestalt konstruieren, was ihm jedoch mißlang. Nun tritt uns in diesem Spiel ein mormonischer ›Elohim‹ entgegen, der einerseits in seinem Wissen sehr beschränkt zu sein scheint (Frage am sechsten Schöpfungstag: »Jehova, gibt es Menschen auf der Erde?«) und eher einem weit entfernt wohnenden Herrscher gleicht, der sich von seinen Dienern Bericht erstatten lassen muß, was in seinem großen Reich so vorgeht und wie seine Befehle ausgeführt werden. Andererseits läßt J. Smith den gleichen ›Elohim‹ mit Jehova über neutestamentliche Vorstellungen wie »Erlösung« und »Auferstehung« reden, allerdings in mormonischer Interpretation.
Als kuriosester Gag muß jedoch die Idee J. Smiths gelten, ›Elohim‹ als Zeremonienmeister einzusetzen, der den Tempelbesuchern ein okkult-heidnischen Ritual (›Erstes Erkennungszeichen des Aaronischen Priestertums‹) vorführt und übermit-

telt. Spätestens hier muß jedem Christen deutlich geworden sein, daß der von den Mormonen propagierte »Gott«, auch wenn Smith ihm unberechtigterweise eine biblische Bezeichnung beilegte, mit dem wahren Gott der Bibel nichts zu tun hat. Der zweite »Gott« trägt den Namen ›Jehova‹. Hier hat J. Smith die in der englischen Bibel (King James Version) vorgefundene falsche Bezeichnung für den Gott der Bibel (richtig: ›Jahwe‹) einfach übernommen. Nach Ansicht der Mormonen soll es sich bei diesem ›Jehova‹ um eine Erscheinungsform des präexistenten Christus handeln: »Alle Offenbarungen seit dem Sündenfall sind durch Jesus Christus gekommen, der der Jehova des Alten Testamentes ist. Wo Gott in der Hl. Schrift erwähnt wird und wo er auftrat, war es Jehova, der auch mit Abraham redete, mit Noah, Mose und allen Propheten. Er ist der Gott Israels, der Heilige Israels, der jene Nation aus der Gefangenschaft Ägyptens führte, der das mosaische Gesetz gab und erfüllte. Der Vater hat seit dem Sündenfall mit den Menschen niemals direkt und persönlich Umgang gehabt ...«[74]
›Michael‹, der dritte aus der Göttergruppe, beim Schöpfungsgeschehen nur mit einer wortkargen Nebenrolle bedacht, entpuppt sich bald als wichtige Schlüsselfigur. Der erstaunte Leser erfährt nämlich, daß ›Elohim‹ und ›Jehova‹ ihren göttlichen Gefährten in einen tiefen Schlaf sinken und als ›Adam‹ wieder erwachen lassen. Hier ist die mormonische Idee, daß aus Menschen Göttern werden, einmal umgedreht worden: Ein Gott wird der erste Mensch und gleichzeitig Stammvater aller Menschen.
Diese Identität von ›Michael‹ und ›Adam‹ war Joseph Smith im März 1835 »offenbart« worden. Bei der von Adam im amerikanischen ›Adam-ondi-Ahman‹ (Bundesstaat Missouri) abgehaltenen Versammlung, so schreibt Smith, standen alle seine Nachkommen auf »und segneten Adam und nannten ihn Michael, den Fürsten, den Erzengel« (LuB 107,54). Die später als Adam-Gott-Doktrin bekanntgewordene Lehre wurde von Smiths Nachfolger Brigham Young ein Leben lang vehement vertreten, wobei sich dieser ebenfalls auf »göttliche Offenbarungen« berief.

Am 9. April 1852 wandte sich B. Young in einer öffentlichen Predigt an die »Bewohner der Erde, Juden und Heiden, Heilige und Sünder«, und führte dann aus: »Als unser Vater Adam in den Garten Eden kam, tat er das mit einem celestialen [himmlischen] Körper, und er brachte Eva, eine seiner Frauen mit. Er hatte mitgeholfen, diese Erde zu formen und zu organisieren. Er ist Michael, der Erzengel, der Alte der Tage, über den heilige Männer geschrieben und gesprochen haben. Er ist unser Vater und unser Gott und der einzige Gott, mit dem wir es zu tun haben ...«[75] Selbst innerhalb der Mormonen-Gemeinschaft blieben diese merkwürdigen Vorstellungen nicht unumstritten, bis der augenblicklich »lebende Prophet« Spencer W. Kimball 1976 erklärte: »Wir warnen vor der Verbreitung von Lehren, die nicht mit den Heiligen Schriften übereinstimmen und die angeblich [!] von einigen Generalautoritäten vergangener Generationen gelehrt worden sind, wie etwa die Adam-Gott-Theorie. Wir kritisieren jene Theorie sehr heftig und hoffen, daß jedermann Vorsicht walten lassen wird gegenüber dieser und allen anderen Arten von falscher Lehre.«[76]

In ähnlicher Weise distanzierte sich ›Apostel‹ Mark Petersen in einer »Adam, der Erzengel« überschriebenen Rede während einer Generalversammlung 1980: »War denn Adam unser Gott, oder ist Gott zu Adam geworden? Lächerlich! Adam war weder Gott noch der einziggezeugte Sohn Gottes.«[77] Das heißt doch nichts anderes, als daß »Generalautorität« Petersen die Lehre eines früheren »Sehers, Propheten und Offenbarers« seiner Religion als »lächerlich« bezeichnet.

In diesem Zusammenhang erteilte der ›Apostel‹ seinen Zuhörern noch folgenden Ratschlag: »Falls jemand von Ihnen durch Irrlehrer verwirrt worden ist, die zu uns kommen, oder falls einer von jemandem angegriffen worden ist, der Irrlehren befürwortet, soll er sich mit seinen Priestertumsführern beraten. Diese werden Sie nicht in die Irre, sondern auf Pfade der Wahrheit und der Errettung führen.«[78]

Auch bei Befolgung dieses Ratschlages werden die Anhänger des Mormonismus aus dieser Sackgasse nicht herauskommen. Welcher ›Prophet‹ hat denn nun recht? Waren Joseph Smith

und Brigham Young Scharlatane? Wie finden die Mormonen heute heraus, ob die »Offenbarungen« ihres jetzt »lebenden Propheten« irgendeine Bedeutung haben, wenn sie von einem seiner Nachfolger als falsch entlarvt werden können? Das Pikanteste an der Sache ist jedoch, daß Spencer W. Kimball vor einer »Adam-Gott-Doktrin« ausdrücklich warnt, die doch Bestandteil des »heiligen Tempelendowments« und seiner »Belehrungen« ist; denn nach der esoterischen Götterlehre der Mormonen muß die Gleichsetzung von ›Adam‹ und ›Michael‹ immer noch als Adam-Gott-Theorie bezeichnet werden. Kommt der kritische Beobachter nicht zwangsläufig zu dem Schluß, daß hier falsche Propheten in einer falschen Religion ständig falsche Lehren verbreiten?
Die Intention der im Drama nun folgenden, frei erdachten Spielszenen scheint es zu sein, aus eigener Sicht eine Auseinandersetzung zwischen ›wahren‹ (= mormonischen) und ›falschen‹ (= biblisch-christlichen) Glaubensüberzeugungen quasi in kosmischen Dimensionen darzustellen. Es stehen sich gegenüber: auf der einen Seite die Abgesandten der göttlichen Welten, die vom Neuen Testament her bekannten Apostel Petrus, Jakobus und Johannes – sie spielen den mormonischen Part –, auf der anderen Seite der Herr der satanischen Welten – Luzifer, der sich zur Unterstützung noch einen christlichen Prediger gemietet hat.
Dessen Aufgabe ist es, die Menschen (hier vertreten durch Adam und Eva) zu täuschen und zu verwirren, indem er etwa lehrt, Gott sei ein ewiges, geistiges und in seinen Möglichkeiten unbegrenztes Wesen, oder indem er die Existenz »lebender Propheten und Apostel« sowie die Gültigkeit »neuer Offenbarungen« leugnet.
Adam und Eva bleiben jedoch mit Hilfe der herbeigeeilten Apostel standhaft. Als diese den beiden Menschen weitere Erkenntnis versprechen, die wahre Identität Luzifers enthüllen und dem Prediger anbieten, ihn im ›Evangelium‹ zu unterweisen, nimmt alles ein gutes Ende: Adam und Eva sind gerettet; der christliche Prediger bekehrt sich zum Mormonismus, und Luzifer wird verbannt.

Durch gespielte Szenen prägen sich bestimmte Inhalte bekanntlich viel besser ein als durch mündliche oder schriftliche Abhandlungen. Im vorliegenden Abschnitt des Endowments wird das etwa an der Figur des ›Predigers‹ recht deutlich. Der von den »Heiligen« normalerweise pauschal geführte Angriff auf Kirchen und Freikirchen konzentriert sich hier brennpunktartig auf deren Pfarrer und Prediger. Den mormonischen Zuschauern wird suggeriert, daß Angehörige dieses Personenkreises wohl als Werkzeuge satanischer Mächte anzusehen seien, solange sie sich nicht zum »wahren Evangelium« des Mormonismus bekehrt haben.
So war es auch nicht verwunderlich, daß die Zuschauer beim jeweils ersten Auftreten des ›Predigers‹ regelmäßig buhten und zischten, als das Endowment noch live auf der Tempelbühne ablief.

5. Die »Gesetze«

Die fünf »Gesetze« des Tempel-Endowments, auf deren Einhaltung sich die Ritual-Teilnehmer verpflichten müssen, sind in ihrer Substanz unterschiedlich gewichtet. Nur bei einem, dem des »Gehorsams«, wird eine ausdrückliche Beziehung zwischen den Menschen und Gott ins Auge gefaßt. Die Gesetze des »Opfers« und der »Hingabe« fordern den umfassenden Einsatz aller Mittel und Begabungen für die mormonische Glaubensgemeinschaft, während das »Gesetz der Keuschheit« die Ausübung von Sexualität auf den eigenen Ehepartner beschränkt. Eine Mischform stellt mit seinen zwei Aspekten das »Gesetz des Evangeliums« dar: Der erste Aspekt, das ›Evangeliumsgesetz‹ selbst, wird inhaltlich hier nicht näher beschrieben; ausführlicher dagegen der zweite, der aus verschiedenen Einzelforderungen besteht.
Das Schema der Gesetzesübergabe an die Ritual-Teilnehmer ist bei allen fünf Gesetzen gleich. Sie werden von einer ›göttlichen‹ (Elohim) bzw. ›neutestamentlichen‹ Person (Petrus) verliehen, die das jeweilige »Gesetz« zunächst kurz beschreibt

und dann die Anwesenden zur Übernahme verpflichtet. Als unsichtbare Zeugen bei diesem Vorgang fungieren »Gott« und die »Engel«, als sichtbare Zeugen das vorher dazu bestimmte Ehepaar (›Witness-Couple‹) am Altar. Der aktive Teil der ›Endowees‹ beschränkt sich in diesem Zusammenhang auf das Erheben von den Plätzen, das rituelle Armanwinkeln, das Kopfneigen und ›Ja‹-Sagen.

a) Das Gesetz des Gehorsams

Als einziges der fünf »Gesetze« des Endowments wird das »Gesetz des Gehorsams« inhaltlich direkt aus seinem textualen Zusammenhang abgeleitet; es bezieht sich auf den vorher geschilderten Ungehorsam Adams und Evas sowie ihre daraus folgende Vertreibung aus dem Garten Eden.

Den Ritual-Teilnehmern wird das »Gesetz« auf zwei Ebenen nahegebracht: zunächst auf der theoretisch-religiösen und dann auf der praktisch-zeremoniellen. Der inhaltliche Kern des »Gesetzes« verklammert jedoch beide Ebenen: So wie sich Eva verpflichtet, dem »Gesetz« Adams zu folgen, und dieser dem Gesetz ›Elohims‹, so muß (als aktuelle Identifikation) die verheiratete Mormonin versprechen, dem »Gesetz« ihres Ehemannes zu gehorchen, und der Mormone dem Gesetz Gottes.

Bei der Formulierung dieser Zeremonie, durch die die Unterordnung der mormonischen Frau unter ihren Mann festgelegt wird, haben die Autoren unter anderem wohl das 5. Kapitel des Epheserbriefes vor Augen gehabt. In der dortigen ›Haustafel‹ (Verse 21 bis 24) heißt es: »Seid einander untertan in der Furcht Christi. Ihr Frauen seid untertan euren Männern wie dem Herrn. Denn der Mann ist das Haupt der Frau, wie auch Christus das Haupt der Kirche ist; er, der es als Erlöser seines Leibes ist. Wie nun aber die Kirche Christus untertan ist, so sollen es auch die Frauen ihren Männern in allem sein.«

Die neutestamentlich-exegetischen Kommentare zu dieser Stelle sind sich fast alle darin einig, daß der Verfasser des Briefes die damalige antike Sozialordnung der Beziehung von Männern und Frauen zugrunde gelegt, diese aber völlig neu gedeutet hat. Die Ehe wird hier verglichen mit dem Verhältnis Christi zu seiner Kirche. Christus sorgt für sie als seinen »Leib«, woraus sich ihre besondere Unterordnung unter das »Haupt« Christus ergibt. In diesem Sinne soll auch der Mann das »Haupt« der Frau sein. Das entscheidend Neue gegenüber der antiken Sozialordnung ist jedoch, daß eine totale, unwürdige Unterordnung unter Herrschaftsansprüche oder irgendwelche »Gesetze« des Mannes abgelöst wird durch die gegenseitige, partnerschaftliche Hinordnung: »Seid einander untertan in der Ehrfurcht Christi.« Das bedeutet Befreiung aus Gesetzlichkeit. Sollten sich die Mormonen dieser Meinung anschließen können, so ist nicht zu verstehen, warum dieses biblisch begründete Verhältnis von Mann und Frau (wenn es so gelebt wird und die Beziehung zu Christus mit einschließt), wiederum in ein mormonisches »Gesetz des Gehorsams« gezwängt werden muß, das zudem Teil eines »heiligen« und geheimen Tempelrituals ist und deshalb nicht in der Öffentlichkeit diskutiert werden darf. Der eigentliche Grund für das Umgießen des Ephesertextes in ein Zeremonialgesetz ist jedoch wohl in der Grundstruktur mormonischen Denkens zu suchen, daß »Erlösung« und »Erhöhung« ausschließlich durch das Befolgen von »Gesetzen« und »Verordnungen« zu erreichen sei. Auch der Religionsgründer Joseph Smith hatte daran keinen Zweifel gelassen: »›Können wir denn nicht selig werden, ohne daß wir uns all diesen Verordnungen unterziehen?‹ Ich möchte antworten: ›Nein. Eine Fülle der Seligkeit können wir auf keinem anderen Wege erlangen.‹«[79]

b) Das Gesetz des Opfers

Von diesem »Gesetz« behaupten die Autoren des Tempelrituals, es sei Adam im Garten Eden gegeben worden, der dann außerhalb des Gartens in der »einsamen und öden Welt« einen Altar gebaut und ein Opfer dargebracht habe; wenig später heißt es im Endowment, bei diesem Opfer habe es sich um ein Gebet gehandelt. Davon wird im Alten Testament allerdings nichts berichtet, auch nichts von einem Gespräch zwischen Adam und einem Engel, der diesem unter Verwendung neutestamentlicher Inhalte Belehrungen über die Bedeutung des

Opfers erteilte. Dieses »Gesetz« und seine Begründung müssen demnach als reine Erfindung der Autoren angesehen werden. Die entscheidende Intention ergibt sich aus dem Wortlaut des Textes selbst. Mormonen sollen in dieser Zeremonie verpflichtet werden, alles, bis hin zum eigenen Leben, für ihre Glaubensgemeinschaft (gedeutet als »Reich Gottes«) zu opfern, so wie auch Jesus Christus sein Leben zur Erlösung gegeben habe. Was »geopfert« werden soll, wird später ausführlicher im »Gesetz der Hingabe« beschrieben.

c) Das Gesetz des Evangeliums

Wie schon angedeutet, wird im einzelnen nicht gesagt, worum es bei diesem »Gesetz des Evangeliums« inhaltlich geht. Es heißt nur, daß es im Buch Mormon und in der Bibel enthalten sei (in dieser Reihenfolge). Rein äußerlich ist der Begriff »Gesetz des Evangeliums« eine originäre mormonische Schöpfung und klingt für christliche Ohren sehr nach ›contradictio in adjectu‹ (Widerspruch in sich selbst), da theologisch gesehen ›Gesetz‹ als Kennzeichen des alttestamentlichen und ›Evangelium‹ als das des neutestamentlichen Äons gilt.

Im Gegensatz zum christlichen Glauben, der mit dem Wort ›Evangelium‹ die Botschaft von Gottes Heilstat in Jesus Christus bezeichnet, d. h. die gute Nachricht von Gottes versöhnendem und erlösendem Wirken, das durch Tod und Auferstehung Jesu Christi der ganzen Welt zugesprochen ist und im Glauben erfahren werden kann, wird bei den Mormonen der Begriff »Evangelium« durchweg als deckungsgleicher Begriff für »Mormonismus« gebraucht. »Evangelium« bezeichnet hier also die Gesamtheit mormonischer Lehre und Praxis, Regeln und Gesetze. Deshalb sprechen Mormonen etwa von der »Wiederherstellung des Evangeliums« (obwohl seit der Zeit der ersten Apostel die Heilstaten Gottes in Christus verkündigt werden), von »jetziger Evangeliumszeit« (obwohl seit 2000 Jahren ›Evangeliumszeit‹ ist) usw.

Angehängt an das Endowment-»Gesetz des Evangeliums« ist eine Aufzählung bestimmter Dinge, deren Unterlassung die Ritual-Teilnehmer versprechen müssen. Eine seltsame Mischung: Das zweite Gebot (2. Mose 20,7) steht hier neben der Ermahnung, nicht oberflächlich zu sein oder laut zu lachen. Was unter »unheiligen Handlungen« zu verstehen ist, wird nicht weiter erklärt. Interessant ist in diesem Zusammenhang, daß sich die Mormonen auch verpflichten müssen, über die »Gesalbten des Herrn« nicht ›böse‹ zu reden. Da gemäß den »neuen Offenbarungen« unter dieser besonderen Kategorie die Mormonenpropheten und -führer zu verstehen sind (vgl. LuB 132,7 und 121,16), heißt diese Ermahnung, daß Kritik an deren Worten und Handlungen nicht geduldet wird. Von M. W. Merrill war das auf der ›Generalkonferenz‹ im Oktober 1897 so begründet worden: »... Wenn wir uns beklagen, Fehler finden und kritisieren, dann sollen wir daran denken, daß wir das Walten des Herrn kritisieren; er ist derjenige, der dies herbeigeführt und diese Männer berufen hat ...«[80]

a) Das Gesetz der Keuschheit
Dieses »Gesetz« ist nach Struktur und Inhalt sehr eindeutig. Es verpflichtet die mormonischen Frauen, nur mit dem jeweiligen Ehemann, und die mormonischen Männer, nur mit der jeweiligen Ehefrau sexuellen Verkehr zu haben. Hier finden sich Anklänge an die Vorstellungen des Paulus, die er in 1. Korinther 7 niedergelegt hat.

b) Das Gesetz der Hingabe
Unter Hinweis auf die »Gesetze« des »Evangeliums« und des »Opfers« soll noch das letzte, das »Gesetz der Hingabe« überreicht werden. Im Text wird ganz konkret gesagt, was die »Kirche Jesu Christi der Heiligen der Letzten Tage« von ihren Anhängern fordert. Die Mitglieder sollen sich selbst, ihre Zeit, ihre Begabungen und ihr Geld einbringen, damit die Glaubensgemeinschaft wächst und ›Zion‹ gebaut werden kann. Es wird darauf hingewiesen, daß das »Gesetz der Hingabe« in dem Buch der Neuoffenbarungen ›Lehre und Bündnisse‹ enthalten sei. Wahrscheinlich geht es dabei auch um den Abschnitt 119, in dem vom Zehnten die Rede ist, den das mormonische Volk für allerlei Vorhaben seiner Führer zu entrichten hat. Hier ist da-

von als von einem Gesetz die Rede, das unbedingt zu halten sei, da sonst die »Zionsverheißungen« vom Volke genommen würden.

6. Die Erkennungszeichen (Tokens)

Die vier ›Erkennungszeichen‹ des mormonischen Priestertums gehören wohl zum Kernstück der geheimen und »heiligen« Tempelzeremonie, weshalb sie auch durch den Vollzug symbolischer Strafgesten vor Verrat geschützt werden sollen. Eine schlimme Drohung spricht in diesem Zusammenhang Luzifer aus, als er sich kurz vor seinem endgültigen Abgang (s. S. 83) noch an die Ritualteilnehmer wendet: »Ich muß etwas im Hinblick auf diese Leute sagen. Wenn sie nicht zu jeder Verpflichtung stehen, die sie heute in diesem Tempel an den Altären übernehmen, werden sie unter meine Gewalt kommen.«
Sollte es bei anderen Stücken des Endowments (Gesetze, Gebetskreis, Drama) noch irgendwelche weitentfernten Anklänge an christliche Vorstellungen geben, so zeigt sich bei den ›Tokens‹ eindeutig der nichtchristliche Aspekt eines Geheimkultes.
Es gibt eine ganze Reihe von esoterischen Orden, Gruppen und Bruderschaften (von den Schwarzmagiern etwa über Rosenkreuzer und Templer bis hin zu buddhistischen bzw. hinduistischen Tantrikern), die geheime Riten zelebrieren und ihre Eingeweihten zu absoluter Verschwiegenheit verpflichten. Nur ist hier von vornherein klar, daß es sich eben um ›Geheimgesellschaften‹ handelt ohne irgendeine behauptete Verbindung zum christlichen Glauben. Keine dieser Gemeinschaften bezeichnet sich denn auch im konfessionskundlich-christlichen Sinne als ›Kirche‹ oder gar als »wahre Kirche Jesu Christi«[81].
Wenn in den genannten esoterisch-okkulten Gruppen besondere Riten, exklusives Wissen und geheimzuhaltende Handgriffe, Schlüsselworte und Decknamen in Gebrauch sind, so hat das den Zweck, die Kultmitglieder einerseits in ihrer Gesamtheit von einer »unerleuchteten« und »unwissenden« Umwelt

abzuheben, sie aber andererseits untereinander zu verbinden und ihnen zu ermöglichen, sich als Mitglieder des gleichen Kults zu erkennen zu geben (z. B. bei größeren, weltweit verbreiteten Organisationen).

Joseph Smith und Brigham Young haben nun in dem von ihnen vorgelegten Endowment die erste Komponente beibehalten, nämlich das Abheben der Mormonen von einer »ungläubigen« und »unwissenden« Umwelt. Verändert wurde jedoch den mormonischen Sonderlehren entsprechend die zweite Komponente. Durch den Gebrauch der vier Erkennungszeichen wird nicht beabsichtigt, daß sich die Anhänger des Mormonismus als solche untereinander kenntlich machen können; vielmehr soll jeder einzelne von ihnen ein individuell-heilsgeschichtliches Ziel erreichen: seine als »Erhöhung« bezeichnete Vergöttlichung. Die Schlüsselworte und Handgriffe haben dabei eine ganz praktische Bedeutung, was B. Young einmal so beschrieb: »Das Endowment bedeutet, daß man alle notwendigen heiligen Handlungen im Haus des Herrn empfängt, so daß man, nachdem man aus diesem Leben geschieden ist, imstande ist, in die Gegenwart Gottvaters zurückzugelangen und an den Engeln vorüberzugehen, die Wache halten. Durch diese heiligen Handlungen wird man befähigt, die Schlüsselworte, Zeichen und Kennzeichen zu nennen, die zum heiligen Priestertum gehören, und gegen allen Widerstand der Erde und der Hölle in die ewige Erhöhung einzugehen.«[82]

Diese Aussage Youngs und das reale Griffe-Üben im Tempel bestätigen, daß Mormonen sich die »Gegenwart des Vaters« bzw. das »celestiale Reich«, wie schon in Kapitel I/2 beschrieben, als ein geographisches Gebiet vorstellen, das man wie ein Haus betreten könne; außerdem sei am Eingang mit himmlischen Wachen (den Cherubim) zu rechnen, die alle Ankömmlinge streng nach Schlüsselworten fragen und sich die ›Griffe‹ vorführen lassen. Ein entsprechendes konkretes Training wird bei der Vorhang-Zeremonie durchgeführt. Dabei scheint es eine kleine Unstimmigkeit zu geben: B. Young spricht von »Engeln«, die als Wachen fungieren, während bei der Vorhang-Zeremonie »der Herr« selbst die Kontrollen vornimmt.

Wie auch immer: Hier ist den Verfassern des Endowments das Kunststück gelungen, ein Bild aus der biblischen Verkündigung (1. Mose 3,24) so lange zu ›bearbeiten‹, bis es zum Aufhänger für okkulte Praktiken wurde.
Die Frage, wovon sich J. Smith bei der Ausformung der vier Erkennungszeichen, aber auch vieler anderer Details der Endowment-Zeremonie, inspirieren ließ, ist nicht schwer zu beantworten, wenn man sich einen besonderen Abschnitt aus seiner Biographie vergegenwärtigt: Am 15. März 1842 war er Mitglied der Freimaurerloge von Nauvoo geworden.
Im Jahre 1840 hatten sich in Illinois mehrere Logen zur Großloge dieses Bundesstaates mit Sitz in Springfield zusammengeschlossen. Einige führende Mormonen, die früher schon Freimaurer geworden waren, traten an den amtierenden Großmeister Abraham Jonas mit der Bitte heran, auch in Nauvoo eine örtliche Loge etablieren zu dürfen. Im Oktober 1841 wurde die Erlaubnis erteilt, lockere Treffen abzuhalten, und am 15. März 1842 begab sich der Großmeister persönlich nach Nauvoo, um die Loge feierlich zu eröffnen. Bei dieser Gelegenheit wurden J. Smith und Sidney Rigdon als Mitglieder aufgenommen und in den ersten Grad (Entered Apprentice) erhoben. Doch schon am nächsten Tag stiegen sie zum Fellow Craft (Zweiter Grad) und Master Mason (Dritter Grad) auf. Dieses völlig unübliche Verfahren (normalerweise dauert es zwei bis drei Jahre, um den Meister-Grad zu erreichen) und die Tatsache, daß bis August 1842 Nauvoo mit über 300 mormonischen Freimaurern die mit Abstand größte Loge in Illinois geworden war, erregte die Mitglieder der Nachbarloge in Quincy so sehr, daß sie einen Antrag an die Großloge stellten, Nauvoo die Dispensation zu entziehen. Dem Antrag wurde entsprochen, und nach einigem Hin und Her (zwischenzeitlich wurde die Lizenz wieder erteilt) beschloß die Großloge 1843 die endgültige Beendigung der freimaurerischen Arbeit in Nauvoo. J. Smith und seine Freunde machten dennoch weiter; als er und sein Bruder Hyrum 1844 ermordet wurden, war Hyrum gerade Meister vom Stuhl in Nauvoo.
Warum war der Mormonen-Gründer Freimaurer geworden?

Darauf gibt es keine eindeutige Antwort. Der ehemalige ›Apostel‹ John A. Widtsoe vermutete, Smith habe es getan, um unter den »prominenten und einflußreichen Männern des Staates Freunde zu gewinnen«, damit die Verfolgung seiner Religion ein Ende nehmen würde; dieser Versuch sei aber gescheitert[83]. Die Kenntnis freimaurerischer Strukturen und Inhalte scheint bei J. Smith jedoch nicht nur aus seiner eigenen aktiven Logenzeit zu stammen. Schon lange vorher muß er damit in Berührung gekommen sein. Einer seiner besten Freunde, Heber C. Kimball, war seit 1823 Freimaurer und sein Bruder Hyrum seit 1827. In den Landkreisen (counties) um sein Heimatdorf Palmyra/N. Y. herum gab es in den 20er Jahren zudem eine starke, von verschiedenen Lokalzeitungen getragene anti-freimaurerische Strömung; und bei Volksfesten traten ehemalige (ausgeschlossene) Logenmitglieder auf, die die Rituale der Freimaurer öffentlich vorführten.

Einflüsse lassen sich also nicht leugnen und können beim Vergleich der vier ›Erkennungszeichen‹ mit entsprechenden Freimaurerriten nachgewiesen werden. Ein paar Beispiele mögen das belegen. Nach Aussagen von Freimaurern sind einzelne Teile ihres Rituals seit Smiths Zeiten zwar modernisiert worden, dem Inhalt nach aber unverändert geblieben.

a) Der Griff des ›Ersten Grades‹ (Lehrling) und des ›Ersten Erkennungszeichens des Aaronischen Priestertums‹

Freimaurer	*Mormonen*
»Die rechten Hände werden zusammengelegt wie beim Händeschütteln, und jeder drückt seinen Daumennagel auf den oberen Knöchel des Zeigefingers des anderen…«[84]	»Die rechten Hände zusammenlegen und das Daumengelenk auf den ersten Knöchel der [anderen] Hand drücken« (s. S. 71).

b) ›Dialog‹ bei diesem Griff

Aufseher: »Habt ihr etwas mitzuteilen?«	*Adam ergreift die rechte Hand des Petrus.*

Kandidat: »Ich habe etwas mitzuteilen.« *(Er vollführt den Handgriff des Ersten Grades.)*
Aufseher: »Was ist das?«
Kandidat: »Der Griff oder das Zeichen eines angenommenen Lehrlings der Freimaurerei.«
Aufseher: »Was verlangt dieser Griff?«
Kandidat: »Ein Wort.«
Aufseher: »Sagt mir das Wort offen und ausführlich.«
Kandidat: »Jachin.«[85]

Adam: ›Was ist das?‹
Petrus: ›Das Erste Erkennungszeichen des Aaronischen Priestertums.‹
Adam: ›Hat es einen Namen?‹
Petrus: ›Ja.‹
Adam: ›Sagst du ihn mir?‹
Petrus: ›Nein, denn es ist der Neue Name; aber dieses ist die Geste‹ (s. S. 83f.).

c) Die Verpflichtung zur Geheimhaltung des ›Dritten Grades‹ (Meister) und des ›Ersten Erkennungszeichens des Melchizedekischen Priestertums‹

»Ich, ..., verspreche und schwöre feierlich, in Ergänzung meiner früheren Verpflichtungen, daß ich den Grad eines Meisters weder jemandem unterhalb des Grades noch irgendeinem Wesen in der bekannten Welt enthüllen werde ...; ich tue das unter der Strafandrohung, daß mein Körper in der Mitte zerrissen wird ... und meine Eingeweide zu Asche verbrannt werden ...«[86]

»Ich verpflichte mich im Namen des Sohnes, das Erste Erkennungszeichen des Melchizedekischen Priestertums oder das Zeichen des Nagels samt Namen, Geste und Strafe nie zu enthüllen; eher würde ich zulassen, daß mein Leben genommen wird« (s. S. 91).

d) Die ›Fünf Punkte der Vollkommenheit‹ bzw. die ›Fünf Punkte der Bruderschaft‹ (Five Points of Fellowship), durch die in den ›Dritten Grad‹ (Meister) erhoben und der ge-

heime ›Name‹ des Zweiten Erkennungszeichens des Melchizedekischen Priestertums‹ gegeben wird

»Da befiehlt der Meister vom Stuhl, eine lebende Kette zu bilden ... In tiefem Schweigen ergreift er die rechte Hand des Toten, welchen die Aufseher an den Schultern fassen und aufrichten. Aufrecht stehend begegnet er den ›Fünf Punkten der Vollkommenheit‹: Gesicht an Gesicht, rechten Fuß gegen rechten Fuß gesetzt, Knie gegen Knie, Brust gegen Brust, die rechten Hände verschlungen, den linken Arm über die Schulter gelegt; in dieser Stellung flüstert er ihm das geheimnisvolle Meisterwort zu: ›Moabon‹ (Sohn der Verwesung). Plötzlich strömt Helligkeit in den Tempel. Hiram ist wiedererstanden. Er lebt neu in dem Eingeweihten.«[87]

»*Petrus:* ›Die Fünf Punkte der Bruderschaft sind folgende: Die Innenseite des rechten Fußes gegen die Innenseite des rechten Fußes; Knie gegen Knie; Brust gegen Brust; die linke Hand über die Schulter [auf den Rücken]; Mund am Ohr; und dies ist der Name des Zeichens ...« (s. S. 100).

Als man im Laufe der Zeit diese Zusammenhänge zwischen Tempelzeremonie und Freimaurerriten auch außerhalb des Mormonismus erkannte, versuchten einige Mormonenführer, die Gründe dafür plausibel zu machen. Die Tageszeitung ›The Salt Lake Herald‹ vom 29. Dezember 1919 zitierte die Meinung des damaligen ›Apostels‹ Melvin J. Ballard, wonach das moderne Freimaurertum nur eine bruchstückhafte Präsentation des alten, von König Salomon etablierten Ordens sei. Ihm, Ballard, würden Ähnlichkeiten zwischen mormonischen Tempelhandlungen und Freimaurerriten gar nichts ausmachen, da doch alle dem Joseph Smith »offenbarten« Verordnungen und Rituale eine erneute Einführung des göttlichen Plans auf Erden seien, nachdem dieser in alten Zeiten im Tempel Salomons schon einmal existiert hätte. Das Freimaurertum sei von dem alten Orden abtrünnig geworden, wie auch das sogenannte Christentum von der wahren Kirche Christi abgefallen sei.

Und der Mormonen-Autor Cecil McGavin fragte noch 1956: »Da einige der freimaurerischen Rituale aus Salomons Zeiten stammen, in den vergangenen Jahrhunderten aber verändert und verdorben wurden, sollte man da überrascht sein, ein paar Ähnlichkeiten zu entdecken, nachdem das Tempelritual wiederhergestellt worden ist?«[88]

Die Zeit solch hilfloser Deutungsversuche scheint aber vorbei zu sein, denn die Abhängigkeit der mormonischen von der freimaurerischen Ritualistik wird heute auch von führenden Mormonen nicht mehr abgestritten. 1975 schrieb etwa Dr. Reed Durham, ehemaliger Präsident der ›Mormonischen Gesellschaft für Geschichte‹: »... Ich bin überzeugt, daß im Studium der Freimaurerei ein entscheidender Schlüssel zum tieferen Verständnis Joseph Smiths und der Kirche liegt ... es begann in Josephs Zuhause, als sein älterer Bruder Freimaurer wurde ... Für mich stellt es überhaupt keine Frage dar, daß die mormonische Zeremonie, die als das Endowment bekannt und von Joseph Smith für mormonische Freimaurer eingeführt wurde, unmittelbar von der Freimaurerei inspiriert ist ... Das heißt nicht, daß nicht auch eine andere Quelle der Inspiration eine Rolle spielte; die Ähnlichkeit zwischen den beiden Zeremonien ist jedoch so offensichtlich und überwältigend, daß eine abhängige Verbindung nicht geleugnet werden kann ...«[89]

IV. Die Taufe für die Toten

Unter den in den Tempeln vorgenommenen Handlungen nimmt die »stellvertretende Taufe für die Toten« einen besonderen und den quantitativ wohl auch größten Platz ein. Mitglieder der Mormonen-Gemeinschaft können die Taufen an sich selbst vollziehen lassen, ohne zunächst auch an der gesamten Endowment-Zeremonie teilnehmen zu müssen; häufig wird das Taufritual allerdings mit dem Endowment verbunden, da die nachträglich getauften Toten, gemäß mormonischer Lehre, ja der gleichen ›Belehrungen‹ und ›Erkennungszeichen‹ bedürfen wie die Lebenden.

Den eigenen Schriften zufolge[90] hat diese merkwürdige Praktik folgenden theoretischen Hintergrund: Von Anbeginn der Schöpfung haben Milliarden von Menschen auf der Erde gelebt, die jeweils starben, ohne etwas von Gott oder Jesus Christus gehört zu haben. Vielen anderen waren die göttlichen ›Gesetze‹ und ›Verordnungen‹ zwar nahegebracht worden, die Betreffenden reagierten jedoch ungläubig und widerspenstig. Wiederum anderen konnte das ›Evangelium‹ jahrhundertelang nicht gepredigt werden, weil es »keine dazu bevollmächtigten Vertreter des Herrn gab«. Es soll sich hierbei um den Zeitabschnitt vom angeblichen Abgleiten der traditionellen Kirchen in eine »geistlich-geistige Finsternis« (im Anschluß an die apostolische Zeit) bis zum Aufkommen des Mormonismus im vorigen Jahrhundert gehandelt haben.

Die unter solchen Umständen Verstorbenen existieren nun, wie alle anderen auch, als Geister in einem Zwischenreich. Sie wären für immer verloren, hätte Gott nicht durch einen »Plan der Erlösung« Vorsorge getroffen, daß auch diesen Geistern geholfen und ihnen die Möglichkeit gegeben würde, das mormonische ›Evangelium‹ zu hören, es nachträglich anzunehmen und so den Weg in das »celestiale Reich« zu gehen. Zu diesem Zweck hat er in besonderen ›Offenbarungen‹ an seinen Propheten Smith angeordnet, daß eigens Tempel errichtet und »heilige Handlungen« vorgenommen würden, um den körperlosen Geistern den entsprechenden Dienst zu erweisen, »auf daß sie im Geiste nachholen, was sie im Fleische versäumten« (Talmage). Da man entkörperte Geister aber nicht taufen oder ihnen die Hände auflegen kann, bedarf es dafür lebender Menschen, die das stellvertretend an sich vollziehen lassen. Und solches geschieht nun fast jeden Tag in den über die ganze Welt verstreuten Mormonentempeln.

LeGrand Richards, ehemaliger und inzwischen (1983) verstorbener Mormonen-›Apostel‹ schreibt, daß Joseph Smith im Jahre 1836 im Anschluß an eine ›Vision‹ im Tempel zu Kirtland (3. April), in der er von Mose, Elias und Elia sowie von Jesus Christus besucht worden sei, begonnen habe, die Lehre von der Totentaufe unter seinen Anhängern zu verbreiten[91]. Im Kirtland-Tempel selbst wurden noch keine Taufen für die Toten vorgenommen. Erst als die Mormonen nach Nauvoo weitergezogen waren, begannen sie mit dieser Praxis, zunächst im Mississippi. Eine Augenzeugin berichtete später, was sie dort beobachtet hatte: »... Wir erblickten einen Haufen Leute und merkten sehr bald, daß es um Taufen ging. Zwei Älteste standen knietief im eiskalten Wasser und tauchten einen nach dem anderen unter, die so schnell wie möglich vom Ufer herabkamen. Wir sahen auch, daß einige von ihnen mehrere Male untergetaucht wurden. Man sagte uns, sie würden für die Toten getauft, die keine Gelegenheit gehabt hätten, die Lehren der Heiligen der Letzten Tage anzunehmen. Diese armen Sterblichen im eiskalten Wasser waren also dabei, ihre Vorfahren und Verwandten aus dem Fegefeuer zu befreien. Wir kamen etwas näher und hörten, wie die Ältesten verschiedene Namen riefen; zu unserer Überraschung wurde auch der Name George Washington genannt. So ist dieser nun also nach 50 Jahren im Fegefeuer auf dem Wege in den ›celestialen‹ Himmel.«[92]
Joseph Smith und seine Freunde hatten wahrscheinlich das Gefühl, daß diese Totentaufen im Mississippi nur etwas Provisorisches sein konnten. Am 19. Januar 1841 gab der ›Prophet‹ daher in Form einer ›Offenbarung‹ bekannt, daß Gott mit den vorläufigen Taufen im Fluß auf Dauer nicht einverstanden sei und massiv die Errichtung eines Tempels verlange. »Denn auf der Erde gibt es nicht *ein* Taufbecken, worin meine Heiligen getauft werden können. Denn diese Verordnung gehört zu meinem Haus und kann mir außerhalb meines Hauses nur in den Tagen eurer Armut angenehm sein, wann ihr nicht imstande seid, mir ein Haus zu bauen. Doch ich gebiete euch allen, euch, meinen Heiligen, mir ein Haus zu errichten. Ich gewähre euch genügend Zeit, um es zu bauen; und während dieser Zeit wer-

den eure Taufen mir angenehm sein. Aber sehet, nach Ablauf jener Frist werden eure Taufen für die Toten nicht mehr angenehm sein ... Denn wahrlich, ich sage euch: Nachdem ihr genügend Zeit gehabt, mir ein Haus zu bauen, wohin die Verordnung der Taufe für die Toten gehört und wofür sie schon vor der Gründung der Welt eingesetzt wurde, kann ich eure außerhalb meines Hauses vollzogenen Taufen für die Toten nicht mehr annehmen« (LuB 124,29–33).

Es wurde »das beste Grundstück im Stadtgebiet ausgesucht, gekauft und ordnungsgemäß als Tempelplatz geweiht«. Talmage berichtet weiter, daß die »Heiligen« in Nauvoo aufgrund dieser ›Offenbarung‹ so begierig darauf waren, »zum Nutzen der Verstorbenen« getauft zu werden, daß schnellstens ein Taufbecken gebaut wurde, obwohl die Mauern des Tempels noch kaum aus dem Erdboden herausragten. Joseph Smith habe dann am 8. November 1841 als erster darin die »heilige Handlung« vorgenommen[93].

Im Laufe der Zeit entwickelte sich die Vorstellung, daß die »stellvertretende Taufe für die Toten« nicht nur ein »Liebesdienst« für die verstorbenen Vorfahren sei, sondern daß man hierdurch auch zum »Miterlöser« der Toten werden könne. Aus Obadja 21 wurde dafür die Bezeichnung »Erlöser auf dem Berge Zion« entlehnt.

J. Talmage meinte in diesem Zusammenhang, daß Jesus Christus durch seinen Opfertod den Menschen »das Sühnemittel für die Sünden jedes einzelnen« erwirkt habe, »so daß ein Sünder, sofern er gehorsam wird, seine Erlösung bewirken kann ... Ebenso kann jeder von uns im kleinen Maßstab ein Erlöser für diejenigen werden, die sonst in der Finsternis bleiben müßten. Wir müssen unseren Verstorbenen den Weg bereiten, damit sie an das erlösende Gesetz des Evangeliums herankommen können.«[94]

Wilford Woddruff (1807–1898), vierter Prophet und Präsident der Mormonen, forderte: »Wir müssen in diese Tempel gehen und unsere Toten erlösen. Dies ist das ganz große Werk des letzten Zeitabschnitts, die Erlösung der Lebenden und der Toten.«[95] Und sein Vorgänger, John Tayler (1808–1887), behauptete überschwenglich: »... wir sind tatsächlich die Erlöser der Welt.«[96]

Damit dieses ihr ›Erlösungswerk‹ auch umfassend und vollständig geschehen kann, betreiben die Mormonen inzwischen wohl die größte organisierte Ahnenforschung der Welt. Jede Familie versucht, in der eigenen Ahnenreihe so weit wie möglich zurückzugehen, sich genaue Lebensdaten der eigenen Vorfahren zu besorgen und den Stammbaum zu erstellen. Die gefundenen Daten werden in dazu bestimmte Formulare eingetragen und über die örtliche Gemeinde zur Bearbeitung an die Genealogische Gesellschaft in Salt Lake City geschickt. Diese wurde schon 1894 gegründet und arbeitet heute mit der modernsten Mikrofilmtechnik. Nach eigenen Angaben werden über eine Milliarde auf Mikrofilm übertragene Dokumente in einem ausgebauten, atombombensicheren Granitfelsen, 32 km südöstlich von Salt Lake City, gelagert. »Um die Namen für die Tempel zu bearbeiten, ist ein Programm eingerichtet worden, das helfen soll, häufige Fehler und die dadurch entstehenden Verzögerungen zu verringern. Die Namen für die heiligen Handlungen im Tempel werden von der Genealogischen Gesellschaft der Kirche bearbeitet. Bevor man solche Namen an die Genealogische Gesellschaft schickt, müssen sie jedoch dem Gruppenleiter der Hohenpriester vorgelegt werden, der sie der Reihe nach und in geordneter Weise vom Bischof ernannten Gemeindeurkundenprüfern übergibt ... Die Genealogische Gesellschaft hilft den Kirchenmitgliedern gern, so gut sie kann, damit sie ihren göttlichen Auftrag erfüllen können. Der Hauptzweck der Genealogischen Gesellschaft besteht jedoch darin, die Urkunden zu sammeln und verfügbar zu machen, soweit sie dazu die Erlaubnis erhält, ferner Namen für die heiligen Handlungen im Tempel zu bearbeiten und das offizielle Register über die in den Tempeln vollzogenen heiligen Handlungen zu führen.«[97]

Das eigentliche Ziel des Mormonismus ist es jedoch, nicht nur die verstorbenen Vorfahren der eigenen Mitglieder zu erlösen, sondern nach Möglichkeit alle Menschen, die seit Anbeginn gelebt haben. Man ist sich durchaus der damit verbundenen

Schwierigkeiten bewußt. John A. Widtsoe, ehemaliger ›Apostel‹, schreibt dazu: »Bevor die Erde in ihren nächsten Daseinszustand übergeht, muß das Werk für alle Lebenden und Toten in den Tempeln getan sein ... Um das Werk für die Toten zu tun, die auf Erden das Evangelium nicht annahmen, ist das vollständige Geschlechtsregister des Menschengeschlechts erforderlich. Dieses zu erlangen ist eine Riesenaufgabe.«[98] Widtsoe drückt aber seine Hoffnung aus, daß eines Tages Mittel und Wege gefunden würden, die Aufgabe zu bewältigen. Wenn die Mormonen inzwischen alle Anstrengungen unternähmen, könnten sie sicher sein, »daß die Götter, die unsere Erde leiten, kommen werden, um uns in diesem bedeutenden Teil des Erlösungswerkes zu helfen«[99].

Vielleicht ist die Meinung des ehemaligen Mormonen-›Apostels‹ Melvin Ballard, der das Werk für die Toten nicht ganz so weit ausgedehnt sehen möchte, eine Ausnahme: »In dieser Evangeliumszeit tun wir überhaupt keine stellvertretende Arbeit für die verstorbenen Chinesen oder Hindus. Ich rechne damit, daß es tausend Jahre dauern wird, um in unseren Tempeln die Verordnungen zur Erlösung des Hauses Israel zu vollenden. Es wird alle Heiligen der Letzten Tage und alles, was wir tun können, in Anspruch nehmen, um für unser eigenes Haus, unseren eigenen Zweig, zu sorgen.«[100]

Bei allem diesbezüglichen Eifer sehen die Mormonen die Geister im ›Zwischenreich‹ jedoch nicht in der Rolle von wehrlosen Objekten. Sie wollen ihre stellvertretenden Handlungen im Tempel vielmehr als Angebote verstanden wissen, als letztmögliche zu ergreifende Chance. Die Entscheidung darüber, ob die ›Liebesdienste‹ der Lebenden angenommen werden oder nicht, liegt ganz allein bei den Geistern selbst.

Wenn mormonische Autoren das Thema ›Totentaufe‹ abhandeln, ziehen sie im wesentlichen drei biblische Textstellen heran, um deren Lehre und Praxis zu begründen. Es handelt sich um: a) 1. Korinther 15,29; b) 1. Petrus 3,18f. (mit 4,6) und c) Maleachi 4,5f. Dazu ein paar Anmerkungen.

Zu a): Paulus schreibt in 1. Korinther 15,29 (Übersetzung nach ›Gute Nachricht‹): »Überlegt euch doch einmal: Es gibt in eurer Gemeinde Menschen, die sich für die ungetauft Verstorbenen taufen lassen. Was wollen sie damit erreichen, wenn die Toten nicht auferstehen? Warum lassen sie sich dann für sie taufen?« Hierin sehen die Mormonen einen »überzeugenden Beweis« dafür, daß die Totentaufe unter den »ersten Christen« geübt wurde. James Talmage merkt im Hinblick auf diese Stelle an: »Da die Taufe zur Seligkeit der Lebenden notwendig ist, ist sie es auch für die Toten. Dieses wußten die Heiligen in früheren Zeiten, und deshalb wurde die Lehre von der Taufe für die Toten unter ihnen gelehrt.«[101] Und John Morgan schreibt in seinem Traktat »Der Plan der Erlösung«: »Wir hören hier, wie wir in der Hand eines weisen Schöpfers als Instrumente für die Befreiung der Toten dienen können: (Zitat Textstelle). Wir haben hier eine Erklärung, wie die Gefängnistore geöffnet und die Geister befreit werden können: nämlich durch eine Verordnung des Evangeliums, die sogenannte Taufe für die Toten.«[102]
Es ist wohl nicht ganz einfach, diesen Vers richtig auszulegen. Dennoch lassen sich einige allgemeine Beobachtungen der mormonischen Inanspruchnahme der Textstelle entgegensetzen.
Das Thema von 1. Korinther 15 lautet nicht »Totentaufe«, sondern »Auferstehung«. Sicher gab es in der Gemeinde zu Korinth einige, die die Praxis der Totentaufe ausübten. Paulus nimmt aber weder dafür noch dagegen Stellung; vielmehr möchte er, und dazu benutzt er diesen Brauch als Aufhänger, eine bei den Korinthern wahrscheinlich vorhandene falsche Meinung über die Auferstehung korrigieren. Eine gewisse Distanz kommt jedoch sehr deutlich darin zum Ausdruck, daß Paulus nicht sagt »Wir lassen uns für die Toten taufen«, sondern: »Sie lassen sich taufen ...« (d. h. irgendwelche Leute). Im ganzen Brief gebraucht er stets die auf Zusammengehörigkeit hinweisenden Wörter ›wir‹, ›ihr‹, ›euch‹, ›uns‹, während er ausgerechnet an dieser Stelle das fortweisende Wörtchen ›sie‹ verwendet. Der Apostel hat die Totentaufe denn auch mit keinem Wort als nachahmenswertes Beispiel hingestellt oder sogar an-

geordnet, was doch wohl der Fall gewesen wäre, hätte es sich dabei wirklich um eine von Gott stammende ›Verordnung‹ gehandelt. Auffällig ist zudem, daß auch Jesus selbst nie von einer ›Totentaufe‹ gesprochen hat und sich im ganzen Neuen Testament kein weiterer Hinweis darauf findet.
Neutestamentler gehen davon aus, daß es sich bei der hier erwähnten Totentaufe ursprünglich um ein mystisch-magisches, aus dem heidnischen Umfeld des frühen Christentums stammendes Ritual handelte, das an christliche Vorstellungen angepaßt wurde. Im Gegensatz zu gnostischen Sekten (wie Marcioniten und Cerinthianer), die den Brauch sehr intensiv pflegten, hat dieser Kult keinen Eingang in christliches Denken und Handeln gefunden und wurde auf dem 3. Konzil zu Karthago 397 offiziell verurteilt (vgl. die einschlägigen NT-Kommentare).

Zu b): In 1. Petrus 3,18 ff. heißt es: »Denkt an Christus, der einmal – und das gilt für immer – für die Schuld der Menschen gestorben ist. Er, der Schuldlose, starb für die Schuldigen. Er wurde getötet, aber der Geist Gottes machte ihn lebendig. In der Kraft dieses Geistes ging er zu den Geistern im Gefängnis und verkündete ihnen die Gute Nachricht. Sie waren einst ungehorsam gewesen zur Zeit Noahs ...« (Übersetzung nach ›Die Gute Nachricht‹). Und 4,6: »Auch denen, die schon vor seinem Erscheinen gestorben sind, hat Christus die Gute Nachricht verkündet, damit sie gerettet werden können.«
Auf diese Textstellen wird von den Mormonen verwiesen, wenn sie die von ihnen selbst durchgeführte, stellvertretende »Belehrung« für Verstorbene (als nächsten Schritt nach der Totentaufe) begründen wollen. Talmage: »Es ist also klar, daß das Evangelium in der Geisterwelt verkündigt werden muß ... Christus eröffnete dieses Werk unter den Toten in der Zeit zwischen seinem Tode und seiner Auferstehung.«[103] Die Anhänger des Mormonismus glauben demnach, daß die Verkündigung im Totenreich mit der Auferstehung Christi nicht zu Ende war, sondern durch andere weitergeführt wurde. »Wer von uns kann daran zweifeln, daß sie von seinen bevollmächtigten Die-

nern fortgesetzt wurde, durch die Entkörperten, die, als sie noch im Fleische weilten, durch Ordination im Heiligen Priestertum beauftragt worden waren, das Evangelium zu predigen und seine Verordnungen zu vollziehen? …«[104] Joseph Fielding Smith (1876–1972), zehnter Mormonen-Präsident, meinte sogar, »daß das Werk dort drüben einen gewaltigen Umfang angenommen hat«[105].

Die vorstehenden Behauptungen hängen wahrscheinlich mit einem Vorgang aus dem Jahre 1918 zusammen. Am 3. Oktober d. J. hatte nämlich Joseph F. Smith (1838–1918), der sechste »Seher, Prophet und Offenbarer« der Mormonen, eigenen Angaben zufolge, bei der Lektüre der beiden Texte 1. Petrus 3,18ff. und 4,6 eine »Vision«, die ihm die Vorgänge im Totenreich vor Augen führte. »Als ich über diese geschriebenen Dinge nachdachte, wurden die Augen meines Verstandes geöffnet, und der Geist des Herrn ruhte auf mir, und ich sah die Scharen der Toten.«[106]

Aus der einige Wochen später schriftlich niedergelegten Fassung der ›Vision‹ lassen sich fünf Hauptaspekte herauslesen:

1. Die Geister der Gerechten (»die im Fleische dem Zeugnis Jesu treu geblieben waren«) freuten sich auf das Kommen des Gottessohnes, »weil der Tag der Erlösung nahe war«. Der Geist Jesu erschien und »verkündigte ihnen das ewige Evangelium, die Lehre von der Auferstehung und der Erlösung der Menschheit vom Fall und auch von den persönlichen Sünden – wenn sie Buße tun«.

2. Jesus ging nicht zu den Geistern der Bösen und Widerspenstigen (»welche die Zeugnisse und Warnungen der alten Propheten verworfen hatten«). Diese Unbußfertigen und Gottlosen konnten seine Stimme nicht hören, seine Gegenwart nicht sehen und sein Angesicht nicht schauen.

3. Entgegen 1. Petrus 3,19f. wandte sich Jesus auch nicht an die Ungehorsamen aus der Zeit Noahs (Smith wunderte sich, warum davon im Petrusbrief berichtet wird). Vielmehr ernannte er aus der Gruppe der gerechten Geister einige »Botschafter«, die er belehrte, weihte und beauftragte. Diese gingen dann an Jesu Statt zu den bösen Geistern, um ihnen zu

predigen. So wurde das ›Evangelium‹ allen Toten gebracht: den gerechten Geistern durch Jesus, den bösen Geistern durch dessen »Botschafter«.

4. Unter den guten Geistern sah Smith viele bekannte Gestalten aus dem Alten Testament, aber auch Figuren aus dem Buch Mormon. Aus der erlauchten Schar ragten besonders die bisherigen Mormonen-Propheten (Joseph Smith, Brigham Young, John Taylor und Wilford Woodruff) sowie Smiths Vater Hyrum Smith hervor. Diese waren schon in der Präexistenz von Gott zu Führungsaufgaben in der »Kirche Gottes« bestimmt worden.

5. Die Sache der Predigt im Totenreich wird durch Vertreter des Mormonismus (nach deren Tod) weitergeführt. »Ich sah, daß die gerechten Ältesten dieser Dispensation, wenn sie aus diesem irdischen Leben scheiden, in der großen Geisterwelt der Verstorbenen fortfahren mit der Arbeit der Verkündigung des Evangeliums der Buße und der Erlösung durch das Sühnopfer des Eingeborenen Sohnes …« – »So ward mir das Gesicht über die Erlösung der Toten geoffenbart, und ich gebe Zeugnis davon und weiß, daß dieser Bericht wahr ist durch den Segen unseres Herrn und Heilands Jesus Christus! So sei es! Amen.«[107]

Am 3. April 1976 machte die »Generalkonferenz der Kirche Jesu Christi der Heiligen der Letzten Tage« diese ›Vision‹ zum Bestandteil ihrer »Heiligen Schriften«, in dem sie sie »als Zusatz zur Köstlichen Perle anerkannte«.

Mit solchen ›Erkenntnissen‹ und ›Offenbarungen‹ stehen die Mormonen allerdings recht allein da, denn Neutestamentler sind bei der wissenschaftlich-kritischen Einordnung des Textes 1. Petrus 3,19f. zu anderen Ergebnissen gekommen. Sie verweisen zunächst auf religionsgeschichtliche Parallelen. In der ganzen alten Welt, einschließlich der altjüdischen Tradition, glaubte man, daß die Toten in bestimmten kosmischen Räumen existieren, besonders in einer ›Scheol‹ oder ›Hades‹ genannten Unterwelt. Weiterhin war im Umfeld des frühen Christentums die Vorstellung mythischer Höllenfahrten von Göttern und Heroen weitverbreitet, die versuchten, die Seelen aus dem Toten-

reich zu erlösen (Orpheus, Herakles, der ägyptische Sonnengott Re, der babylonische Ishtar u. a.).
Sodann wird eine Verbindungslinie zum Henochbuch gezogen, wo die Predigt an die Geister in der Gefangenschaft mit der Sintflutgeschichte verknüpft ist. Diese mythischen Vorstellungen, die nicht mehr die unsrigen sind, müssen den Empfängern des 1. Petrusbriefes unmittelbar verständlich gewesen sein, da keine weiteren Erklärungen dazu gegeben werden[108].
Die theologische Aussage dieser Textstelle könnte demnach folgende sein: Der christlichen Gemeinde, also den Lebenden, ist der Zugang zum Heil durch die Taufe möglich. Christus selbst aber kümmert sich um die, die von der Welt verloren gegeben wurden, auch wenn er dazu in den tiefsten Abgrund der ›Hölle‹ hinabsteigen mußte. Im Gegensatz zum Henochbuch, in dem den Ungehorsamen aus der Noah-Zeit das Unheil angesagt wird (»sie werden keinen Frieden und keine Vergebung finden«), verkündigt der 1. Petrusbrief, daß den Verlorenen in Form des gepredigten Wortes das Heil nahe kommt. Der Verfasser »bringt mit dem mythischen Vorstellungsmittel der damaligen Zeit das Vertrauen zum Ausdruck, daß die erlösende Kraft Christi in kosmischer Universalität bis in die Tiefen der gottesfernen Welt hineinreicht und seine Macht auch an der Grenze des Todes nicht haltmacht, und zwar nicht nur des geistigen oder moralischen Todes«[109]. Unter diesem Aspekt muß auch 1. Petrus 4,6 gesehen werden.
Schon aus diesen wenigen Anmerkungen wird deutlich, daß es einzig und allein um das ausschließliche Heilshandeln Christi geht. Nirgends wird irgendeinem Menschen eine Erlöser- oder auch nur Miterlöserfunktion zugesprochen, weder »stellvertretend« auf Erden noch als »predigender Geist« im Totenreich. Das neutestamentlich-christliche Zeugnis steht somit eindeutig gegen diesbezügliche Ansichten des Mormonismus.

Zu c): Maleachi 4,5f. (Die Lutherbibel zählt 3,23f.): »Ich sende euch den Propheten Elia, bevor der große und schreckliche Tag kommt, an dem ich, der Herr, Gericht halte. Er wird das Herz der Eltern den Kindern zuwenden und das Herz der

Kinder den Eltern. Er wird beide miteinander versöhnen, damit ich nicht das ganze Volk vernichten muß, wenn ich komme« (›Gute Nachricht‹).

Auch diese Textstelle ist von den Mormonen vereinnahmt worden, um ihre Kultideologie der Totentaufe zu rechtfertigen. Einem Bericht des Joseph Smith zufolge (LuB 110) erschien am 3. April 1836 im Tempel zu Kirtland eine alttestamentliche Delegation, bestehend aus den Personen Mose, Elias und Elia, zu der sich auch Jesus Christus gesellt hatte. Christus hielt von der Kanzel eine Dankespredigt für die Errichtung des Tempels, dann überbrachte Elias die »Evangeliumsdispensation Abrahams«, während Elia in seiner Ansprache die Erfüllung der Prophezeiung aus Maleachi 4,5f. bekanntgab, was durch sein Erscheinen belegt sei.

Später schrieb Smith in einem Brief an die »Kirche Jesu Christi der Heiligen der Letzten Tage« (datiert 6. September 1842), wie nun Maleachi 4,5 zu verstehen sei. Es gehe um den »herrlichsten aller zum Evangelium gehörenden Gegenstände – die Taufe für die Toten«. Nach dem Zitieren des Verses fährt er fort: »Es genügt in dieser Sache zu wissen, daß die Erde von einem Fluch getroffen werden wird, es sei denn, es werde auf die eine oder andere Weise eine verbindende Kette irgendwelcher Art zwischen Vätern und Kindern hergestellt. Und wie kann diese Verbindung hergestellt werden? Durch die Taufe für die Toten! Denn ohne die Toten können wir nicht vollkommen gemacht werden, auch sie ohne uns nicht. Und weder wir noch sie können ohne jene vollkommen werden, die im Evangelium gestorben sind« (LuB 128,18).

Wer den in LuB 110 wiedergegebenen Bericht kritisch liest, dem fällt auf, daß dem Religionsgründer aus Unkenntnis zunächst ein äußerlicher Irrtum unterlaufen ist. Bei seiner Behauptung, im Kirtland-Tempel ›Elias‹ *und* ›Elia‹ (engl. Elijah) gesehen zu haben, ist ihm anscheinend nicht bewußt gewesen, daß es sich dabei um ein und dieselbe biblische Gestalt handelt. Der alttestamentliche Prophet, von dem 1. Könige 17–19 die Rede ist, wird im Hebräischen ›Elijahu‹ genannt, woran sich das englische ›Elijah‹ angelehnt hat; im Griechischen (Neues

Testament) aber heißt er ›Elias‹, wovon die bei uns geläufige Benennung ›Elia‹ bzw. ›Elias‹ abgeleitet wurde. Die Identität von ›Elia‹ und ›Elias‹ geht zudem eindeutig aus Jakobus 5,17f. (Elias) hervor, wo auf 1. Könige 17,1 (Elijahu) verwiesen wird. Smith konnte ›Elias‹ auch nicht mit dem Prophetenschüler ›Elisa‹ (1. Könige 19,19ff.) verwechselt haben, weil dessen Name in den englischen Bibelübersetzungen, auch in der von Smith benutzten King James Version, korrekt als ›Elisha‹ wiedergegeben wird. Übrigens war der ›Prophet‹ mit dem Beispiel ›Jesaja/Esaias‹ vorher schon einmal einem ähnlichen Mißverständnis zum Opfer gefallen (s. LuB 76, 100).
Wichtiger aber ist der inhaltliche Irrtum. Die Behauptung, daß sich die Prophezeiung Maleachi 4,5f. zur Zeit Joseph Smiths in der Bewegung des Mormonismus erfüllt habe, wird etwa durch Matthäus 17,10ff. eindeutig widerlegt. Absurd auch die Idee, Maleachi 4,6 hätte etwas mit mormonischen Totentaufen zu tun.
Alttestamentler sehen die drei Verse 4–6 als späteren Zusatz zu diesem kleinen Prophetenbuch an, dessen zentrale Aussagen sich ganz auf das Heil Judas und Jerusalems konzentrieren. So könnte 4,4 als eine dringende Ermahnung zum Praktizieren der Gesetzesfrömmigkeit, die das Heil garantiert, verstanden werden. Vers 6 drückt wahrscheinlich die Sorge um das Generationsproblem aus: Geht es um das Abweichen der jungen Leute von den überlieferten kultischen Werten und um die Aufnahme fremder Geistesströmungen[110]? Es wird die Hoffnung und Verheißung ausgedrückt, daß der Prophet Elia als Vorläufer des kommenden Messias auch die Schwierigkeit der Versöhnung zwischen den Generationen auflösen wird (s. auch Lukas 1,17).

V. Die Siegelungen

Wenn Mormonenmissionare unterwegs sind, gebrauchen sie als Anknüpfungspunkt bei Haustürgesprächen häufig das Thema ›Familie‹, wobei sie den hohen Stellenwert betonen, den die Familie bei ihnen einnimmt, und auf das Glück hinwei-

sen, das durch ein intaktes Familienleben erlangt werden könne.
Das alles wäre für sich genommen ja noch nichts Besonderes; denn die Wertschätzung der Familie und das Empfinden von Glück im familiären Bereich gibt es auch außerhalb des Mormonismus. Die Unterschiede sind denn auch auf einer anderen Ebene zu suchen, nämlich auf der religiös-ideologischen.
Die heute von den Mormonen vertretene Ehe- und Familienideologie geht auf den Religionsgründer Joseph Smith zurück. Dieser hatte sich im Kontext seiner Lehre über die Vielweiberei auch zum Thema ›Ehe im Jenseits‹ Gedanken gemacht. Von der Erfahrung ausgehend, daß eine Ehe durch den Tod eines Ehepartners beendet wird, stellte er sich wahrscheinlich die Frage: Wäre es nicht schön, wenn die mormonischen Eheleute auch nach dem Tod noch als Ehepaar in der jenseitigen Welt zusammensein könnten?
Diese Wunschvorstellung, verbunden mit Smiths Lehre von der »Erlösung« und der »Erhöhung« sowie derjenigen vom »vollmächtigen Priestertum«, führte schließlich zu folgendem Ergebnis: Wer als nur standesamtlich verheirateter Mormone stirbt, wird nach der Auferstehung zwar erlöst, muß sich im »celestialen Reich« aber mit der Existenz auf einer der unteren Stufen zufriedengeben, dort wieder im unverheirateten Zustand und ohne Nachkommen; er wird ein »dienstbarer Engel« für solche, die die höheren Plätze einnehmen. Bei diesem letztgenannten Personenkreis handelt es sich um die ›richtig‹ verheirateten Mormonen, die also noch die Bedingung der Tempelsiegelung durch entsprechende ›Priester‹ erfüllt haben; dieses berechtigt sie dann, zur höchsten Ebene aufzusteigen, zu »Göttern« zu werden und ewige »celestiale Familien« zu bilden.
Joseph Smith hatte es in seiner Schrift »Lehre und Bündnisse« so formuliert (wobei er ›Gott‹ selbst sprechen läßt): »Wenn daher in der Welt ein Mann eine Frau heiratet, und er heiratet sie nicht durch mich oder durch mein Wort, und er macht mit ihr ein Bündnis, solange er in der Welt ist, und sie mit ihm, so hat ihr Bund und ihre Ehe keine Gültigkeit, wenn sie tot und aus der Welt geschieden sind … Daher werden sie, wenn sie aus der

Welt geschieden sind, weder heiraten noch in die Ehe gegeben, sondern sind bestimmt zu Engeln im Himmel, welche Engel amtende Diener sind, denen zu dienen, die einer weit größeren, einer unübertrefflichen und ewigen Herrlichkeit würdig sind. Denn diese Engel blieben nicht in meinem Gesetz, deshalb können sie keine Vermehrung haben, sondern sie bleiben getrennt und ledig, ohne Erhöhung in ihren erlösten Zustand, in alle Ewigkeit, und sind von da an nicht Götter, sondern Engel Gottes für immer und ewig ... Wenn ein Mann eine Frau durch mein Wort heiratet ... und sie werden durch den Heiligen Geist der Verheißung gesiegelt, durch ihn, der gesalbt ist, und den ich zu dieser Macht und den Schlüsseln des Priestertums bestimmt habe ... so wird ihnen durch Zeit und Ewigkeit in allen Dingen geschehen, was immer mein Diener ihnen verheißen hat ... Sie werden an den Engeln und den Göttern vorübergehen, die dorthin gesetzt sind, und eingehen in ihre Erhöhung und Herrlichkeit in allen Dingen, wie es auf ihre Häupter gesiegelt worden ist ... Dann werden sie Götter sein, weil sie kein Ende haben ... sie werden dann Götter sein, denn sie haben alle Macht, und die Engel sind ihnen untertan« (LuB 132, 15–20).

Diese ›Offenbarung‹ kommentierend, meinte der zur Zeit amtierende ›Offenbarer‹ Spencer Kimball: »Einige könnten sagen: ›Nun, ich wäre schon zufrieden, wenn ich nur ein Engel würde‹; aber sie werden nicht zufrieden sein. Man wäre nie damit zufrieden, nur ein Engel zu sein und anderen zu dienen, wenn man selbst König sein könnte.«[111]

In seinem Buch »Ein wunderbares und seltsames Werk« behauptete der ehemalige Mormonen-›Apostel‹ LeGrand Richards, daß es »von Anfang an die Absicht des Herrn« gewesen sei, »daß der Ehebund nicht nur für die Zeit, sondern auch für die Ewigkeit dauern sollte«, fügt aber sogleich erklärend hinzu, daß solche ›Erkenntnis‹ erst aufgrund ›neuer Offenbarungen‹ (»dies ist eine der größten in unserer Evangeliumszeit geoffenbarten Wahrheiten«) gewonnen worden sei[112]. Daraus ergibt sich ganz klar, daß diese recht phantasievollen Vorstellungen keine Basis im biblischen Zeugnis haben, im Gegenteil.

Es gibt einen Abschnitt im Matthäusevangelium (22,23–33),

der von einem Gespräch zwischen Jesus und einigen Sadduzäern berichtet. Diese wollen Jesus im Blick auf die Auferstehung, an die sie selbst nicht glauben, eine Fangfrage stellen. Sie nehmen dazu das Beispiel einer Frau, die nacheinander mit sieben Männern verheiratet war. »Welchem nun von diesen sieben wird sie in der Auferstehung als Frau angehören?« fragen die Sadduzäer. Aus der Antwort Jesu geht eindeutig hervor: a) Es gibt eine Auferstehung, denn Gott ist ein Gott der Lebenden und nicht der Toten. b) Im Reiche Gottes gibt es kein Heiraten oder Verheiratetwerden (und damit auch kein Verheiratetsein); denn c) die Menschen werden alles Irdische hinter sich gelassen haben und in der Nähe Gottes als völlig verwandelte Wesen existieren (Symbolbild ›Engel‹).

Hier steht also nichts von mormonischen ›Tempelsiegelungen‹ für Ehepaare mit und ohne Kinder, vorgenommen von einem ›vollmächtigen Priestertum‹, auch nichts von ›ewigen Ehen‹ mormonischer Gott-Menschen in ›celestialen‹ Gefilden. Aber genau das alles meinte der ›Apostel‹ James Talmage mit diesem Text in Verbindung bringen zu können: »Daß die Ehesiegelung wirklich eine feststehende Tatsache ist, geht aus den Worten des Heilands hervor ... Es ist klar, daß es nach der Auferstehung keinen Streit zwischen den Brüdern darüber geben kann, wessen Weib die Frau nun sei – denn nach dem Tod gibt es kein Heiraten. Alles, was mit der Ehe zwischen zwei Menschen zu tun hat, muß vor diesem Zeitpunkt erledigt worden sein. Die besagte Frau kann in der ewigen Welt nur die Frau eines einzigen sein, nämlich desjenigen, dem sie durch die Vollmacht des heiligen Priestertums auf Erden als Gefährtin für Zeit und alle Ewigkeit gegeben worden ist. Kurz, die Frau würde das Weib des Mannes sein, mit dem sie unter dem Siegel göttlicher Autorität den Bund für die Ewigkeit eingegangen war, denn kein Vertrag oder Übereinkommen des zeitlichen Bereichs kann nach der Auferstehung Gültigkeit besitzen.«[113]

Es versteht sich von selbst, daß der Mormonismus mit solch einer Ehe- und Familienideologie den Junggesellen gegenüber nicht sehr freundlich gesonnen sein kann. »In diesem irdischen Leben mag ein Mann ohne Frau oder eine Frau ohne Mann vielleicht leidlich durchkommen; in die ewige Herrlichkeit kann jedoch niemand im ledigen Stande eingehen.«[114] – »Freilich gibt es gewisse höhere Handlungen [im Tempel], zu denen eine unverheiratete Frau nicht zugelassen wird; aber diese Vorschrift gilt gleicherweise für einen Junggesellen.«[115] – »Nach der Lehre der Kirche ist das Heiraten eine Pflicht für alle, ausgenommen diejenigen, die durch körperliche oder sonstige Unfähigkeit gehindert sind.«[116] – »Äußerst kurzsichtig handelt, wer nicht heiraten und keine Familie haben will.«[117]

An dieser Stelle bekommt auch der Apostel Paulus noch eine schallende Ohrfeige verpaßt. Talmage denkt sicher an 1. Korinther 7,1–9, wenn er schreibt: »Die Kirche verwirft die Lehren irregeführter Menschen als falsch und verderblich, die sagen, die Verbindung der Geschlechter sei nur eine fleischliche Notwendigkeit ... Über solche falschen Lehrer hat der Herr in unseren Tagen gesagt [und er zitiert seinen Religionsgründer Smith]: ›Wer die Ehe verbietet, ist nicht von Gott berufen, denn Gott hat die Ehe für den Menschen eingesetzt, ... damit die Erde den Zweck ihrer Erschaffung erfülle ...‹ (LuB 48,15f.).«[118]

Aus christlicher Sicht muß die Ehe- und Familienideologie des Mormonismus als unbiblisch und elitär zurückgewiesen werden. Psychologisch gesehen handelt es sich dabei um unreifes und infantiles Wunschdenken, das einen als schön empfundenen Zustand ins Unendliche verlängern möchte.

VI. Abschließende Bemerkungen

Im Bewußtsein einer breiteren Öffentlichkeit bilden die Mormonen zusammen mit den Zeugen Jehovas, den Neuapostolischen, Adventisten und ähnlichen Gemeinschaften den Bereich der sog. »klassischen christlichen Sekten«, womit ihnen wohl eine gewisse Nähe zum Christentum zugestanden werden soll. In der Berichterstattung einer deutschen Tageszeitung waren sie, in Unkenntnis der wahren Hintergründe, sogar als Mitglieder einer »evangelischen Freikirche« eingestuft worden.

Die Mormonen selbst lehnen das alles ab; sie wollen sich weder als ›Sekte‹ noch als ›Sondergemeinschaft‹, weder als ›Freikirche‹ noch als ›Kult‹ verstanden wissen, sondern als »die einzige, wahre und lebendige Kirche auf dem ganzen Erdboden« (LuB 1,30).

Nun muß dieser etwas übermütigen Selbsteinschätzung allerdings aus biblisch-christlicher Sicht ganz energisch widersprochen werden. Der Mormonismus gehört nämlich, so wie er sich in seinen Lehren und vor allem in seinen geheimen Tempelritualen darstellt, nicht zu den christlichen Sekten, sondern ist als eigenständige, amerikanische Mischreligion (mit aus dem Christentum übernommener Terminologie) zu charakterisieren. So ist es auch nicht verwunderlich, daß Anhänger dieser Religion in ihren eigenen Publikationen öfter die Frage diskutieren, ob Mormonen denn Christen seien[119].

Das Grundmuster des Mormonismus, das seine zentralen Lehren und Vorstellungen geprägt hat, trägt eindeutig patriotisch-amerikanische Züge. Nährboden für diese in Amerika entstandene und im wesentlichen auch dort verbreitete neue Religion war wohl die unterschwellige Sehnsucht vieler Amerikaner, besonders derjenigen des vorigen Jahrhunderts, ihr als gesichts- und geschichtslos empfundener Kontinent möge einen eigenen Platz, vielleicht sogar eine religiös führende Rolle in der Völkergemeinschaft einnehmen. Aus solchem Wunschdenken heraus ist von den mormonischen Pionieren ein System entwickelt und im Laufe der Zeit an Millionen Menschen, auch außerhalb Amerikas, weitergegeben worden, das diesen Kontinent betont in den Mittelpunkt einer ›göttlichen Heilsgeschichte‹ rückt: Das Paradies, in dem Adam und Eva lebten (Adam-ondi-Ahman), liegt im Bundesstaat Missouri; Israeliten wandern lange vor der Zeitenwende nach Amerika aus; Jesus Christus selbst erscheint nach seiner Auferstehung in Amerika und gründet dort eine Gemeinde; die Urapostel übertragen dem Amerikaner Joseph Smith das alttestamentliche Priestertum; der Bibel der Alten Welt wird eine in Amerika entstandene Bibel (das Buch Mormon) entgegengestellt; biblische Gestalten treten ständig in Amerika auf; das Neue Jerusalem befindet sich in Independence/Missouri, wo sich durch die Errichtung des Endzeit-Tempels und die Wiederkunft Jesu Christi die Heilsgeschichte vollenden wird; bis dahin wird von Amerika aus der ganzen Welt das wahre Evangelium von amerikanischen Missionaren gepredigt.

Außer diesem geographischen Aspekt lassen sich als Bestandteile der mormonischen Mischreligion noch andere Elemente erkennen, die im wesentlichen folgende Eigenschaften aufweisen: *neuoffenbarerisch* (eigene, neuoffenbarerische ›Heilige Schriften‹; eigene ›Propheten‹ und ›Offenbarer‹); *»altjüdisch«* (Gesamtheit des Tempelkultes, »Aaronisches« und »Melchizedekisches Priestertum«, Zion-Symbolik, Abgabe des Zehnten); *gnostisch* (Lehre von der Präexistenz des Menschen als Geistfunken; dessen Wanderung durch die Materie, Entwicklung und Rückkehr in das Lichtreich); *Science-fiction* (Menschen werden zu Göttern auf verschiedenen Planeten; »Gott« residiert auf dem Planeten »Kolob«; Astronauten-Götter kamen von anderen Welten, um diese Erde zu »organisieren«); *esoterisch* (geheime Belehrungen im Tempel; ›heilsgeschichtliche‹ Bedeutung von Ehe und Familie; geheime Rituale der Totentaufe und der Siegelungen); *freimaurerisch* (Erkennungszeichen des Priestertums; Symbole auf der Tempelkleidung und an den Tempelgebäuden; Schurze; Logenräume); *okkult-magisch* (»Priestertumsgewand« als Amulett gegen »böse Mächte«). Joseph Smith schien wie ein trockener Schwamm alles aufgesaugt zu haben, was ihm zum Ausbau seines Glaubenssystems interessant und nützlich erschien.

Da sich die Mormonen als »wahre Kirche« verstehen, benutzen sie natürlich auch die aus der Bibel bzw. aus dem christlichen Glauben stammenden Begriffe: Gott, Jesus Christus, Mensch, Schöpfung, Sündenfall, Prophetie, Heil, Geschichte, Taufe, Erlösung, Auferstehung, Apostel u. a. Es ist jedoch deutlich geworden, daß jeder dieser Termini seiner vom christlichen Verständnis her geprägten Substanz beraubt, also zur Worthülse gemacht, und dann mit mormonischen Inhalten neu gefüllt wird. In ähnlicher Weise gehen die führenden Anhänger des Mormonismus auch mit biblischen Texten um. Diese werden, wie es die Beispiele in den einzelnen Kapiteln gezeigt haben, so lange umgebogen und verzerrt, zerrissen und mißinterpretiert, bis sie schließlich als solchermaßen bearbeitete ›Steine‹ die mormonische Lehre zu untermauern scheinen. Der ständige Hinweis auf die »neuen Offenbarungen« als Begründung für solches Tun bestätigt nur den Charakter des Absurden: Die Neuoffenbarer erscheinen nämlich wie Leute, die Ostereier versteckt haben, sich danach aufmachen, diese zu suchen und dann voller Freude und Überraschung die von ihnen selbst versteckten Eier wiederfinden.

Für Christen ist es wohl kaum möglich, eine positive Einstellung zu einem System zu gewinnen, das sich in der öffentlichen Propaganda als »christlich« darstellt, in Wirklichkeit aber auf unbiblisch-unchristlichen Elementen und wild wuchernder menschlicher Phantasie basiert.

Oft wird die Frage gestellt, was Menschen eigentlich bewegt, sich dieser merkwürdigen Religion zuzuwenden. Aus vielen Gesprächen mit Konvertiten ergab sich, daß nicht die Lehre in erster Linie ausschlaggebend war. Die Mormonen-Gemeinschaft wächst durch eine gezielte und äußerst rührige Mission; und fast immer war die Begegnung mit den sympathischen jungen Missionaren der Anstoß zur späteren Mitgliedschaft. Wenn dazu noch andere Dinge kommen, etwa persönliche Enttäuschungen in den traditionellen Kirchen oder das Gefühl großer Einsamkeit, dann könnten diese Motive schon für einen Übertritt zum Mormonismus ausreichen.

Optimistische Lebensfreude, eine kleine, überschaubare Gemeinschaft, religiöser Fortschrittsglaube und geheimnisvolle Tempelrituale samt der damit angebotenen ›Heilsgewißheit‹ mögen für manche attraktiv sein. Christen glauben jedoch, daß ihr Leben nicht bestimmt sein kann vom Streben nach einem gottähnlichen Zustand und nach einer Erlösung, an der sie selbst durch das Erfüllen von ›Verordnungen‹ mitwirken müssen. Für sie gilt vielmehr das Zeugnis der Bibel, das Mut macht, das Leben in der Hoffnung und im Vertrauen auf den zu führen, der sie ohne jegliche Vorbedingung angenommen hat: Jesus Christus.

Anmerkungen

1. Lehre und Bündnisse 42, 4 + 6 und 33,7 + 15.
2. Der Stern, Februar 73, S. 68.
3. LeGrand Richards, Ein wunderbares und seltsames Werk, S. 15.
4. Vgl. Fawn Brodie, No Man Knows My History, S. 16ff.
5. Das sind die Mormonen, S. 13f.
6. Joseph Smith erzählt seine Geschichte (Traktat), S. 5.
7. Ebd., S. 6f.
8. Zu Einzelheiten siehe: Jerald Tanner, Mormonism – Shadow or Reality, S. 143ff.
9. Einheitliches System zur Belehrung von Familien, C – 13ff.
10. David Whitmer, An Address to All Believers in Christ, S. 17f. (Nachdruck der ›Church of Christ‹ von 1942).
11. Fawn Brodie, No Man Knows My History, S. 67.
12. Franklin D. Richards/James A. Little, The Compendium, S. 99; zitiert bei: R. Kallus, Die Mormonen, S. 39.
13. Jerald Tanner, The Case Against Mormonism, 1967, Bd. 1, S. 188.
14. Sidney Sperry, Doctrine & Covenants Compendium, 1960, S. 85.
15. History of the Church, Bd. 2, S. 236.
16. Franklin S. Spaulding, Joseph Smith Jr. As A Translator, S. 26f.
17. Dialogue – A Journal of Mormon Thought, Winter 1967, S. 56.
18. Dialogue, Herbst 1968, S. 119f.
19. Daily Universe, 1. Dez. 1967.
20. Lehre und Bündnisse 21,1.
21. William E. Berrett, Seine Kirche wiederhergestellt, S. 78.
22. Ebd., S. 77f.
23. James Talmage, Die Glaubensartikel, S. 419.
24. Lehre und Bündnisse 132, 61f.
25. Millennial Star, Bd. 27, S. 673; zitiert bei: Kurt Hutten, Seher Grübler Enthusiasten, 1968, S. 593.
26. Reed Smoot Case, Bd. 1, S. 18.
27. Hutten, S. 594.

28. James Talmage, Die Glaubensartikel, S. 206.
29. Journal of Discourses IV, S. 3.
30. Hans-Joachim Kraus, Psalmen, 2. Teilband, 1960, S. 763.
31. Die Lehren des Propheten Joseph Smith, 1974, S. 291.
32. John A. Widtsoe, Eine vernunftgemäße Theologie, S. 23.
33. Milton R. Hunter, The Gospel Through the Ages, S. 104 ff.
34. Joseph F. Smith, Doctrines of Salvation I, S. 12.
35. Millennial Star 54, S. 404; zitiert bei Anthony Hoekema, Mormonism, 1973, S. 42.
36. John A. Widtsoe, S. 64.
37. Orson Pratt, The Seer, S. 172; zitiert bei: R. Kallus, S. 91.
38. Mormon Doctrine, S. 163 f.; zitiert bei: Sandra Tanner, The Bible and Mormon Doctrine, S. 6.
39. Vgl. 3. Nephi 8 ff. und Mark Peterson, Christus in Amerika.
40. Vgl. Joseph F. Smith, Der Weg zur Vollkommenheit, S. 180–182.
41. Lehre und Bündnisse 89.
42. Ebd., 131,6.
43. Was sind eigentlich Mormonen? (Traktat), S. 20.
44. Albert Riedel, Die Geschichte der deutschsprachigen Missionen der Kirche Jesu Christi der Heiligen der Letzten Tage, Bd. 1, 1971, S. 559.
45. James Talmage, Das Haus des Herrn, 1972, S. 8 ff.
46. Church Almanac, 1982, S. 256 ff.
47. Der Stern, Juni 1984, S. 57.
48. William E. Berrett, Seine Kirche wiederhergestellt, S. 333.
49. Das Evangelium mit anderen teilen, 1978, S. 103.
50. Ebd., S. 110.
51. Melvin Ballard, Drei Grade der Herrlichkeit, o. J., S. 3.
52. Mormon Doctrine, S. 746; zitiert bei: Sandra Tanner, The Bible and Mormon Doctrine, S. 13.
53. Zitiert in: Das Evangelium mit anderen teilen, S. 98.
54. Melvin Ballard, S. 11.
55. Ebd., S. 20.
56. Ebd., S. 13.
57. Ebd., S. 21 f.
58. James Talmage, Das Haus des Herrn, S. 68 f.
59. Melvin Ballard, S. 6 f.
60. Fawn Brodie, No Man Knows My History, S. 117 f.
61. Talmage, Das Haus des Herrn, S. 70.
62. Deckblatt des Formularblocks für Tempelempfehlungsscheine.

63. Boyd K. Packer, zitiert in: Heimlehrthemen für neue Mitglieder, 1982, S. 36.
64. Seminare zur Vorbereitung auf den Tempel, 1978, S. 1.
65. Ebd., S. 108.
66. Der Stern, Oktober 1982, S. 146.
67. Talmage, Das Haus des Herrn, S. 69.
68. Tagebucheintragung – 7. Februar 1877 – von L. John Nuttall über ein Gespräch mit Brigham Young; zitiert in: Hyrum L. Andrus, ›God, Man, and the Universe‹, 1968, S. 334.
69. Fawn Brodie, No Man Knows My History, S. 278f.
70. Ebd., S. 177f.
71. J. R. Clark, Messages of the First Presidency, Bd. 5, 1971, S. 110.
72. Talmage, Haus des Herrn, S. 69.
73. Deseret News, 31. Juli 1965.
74. Joseph F. Smith, Doctrines of Salvation I, S. 27.
75. Journal of Discourses I, S. 50f.
76. Church News, 9. Oktober 1976.
77. Der Stern, April 1981, S. 34f.
78. Ebd., S. 35.
79. Die Lehren des Propheten Joseph Smith, S. 279.
80. Zitiert in: Das Evangelium mit anderen teilen, S. 244.
81. Ausnahmen des äußerlich-formalen Gebrauchs des Begriffes ›Kirche‹ durch zwei Okkult-Gruppen: ›Erste Kirche Satans‹ des Schwarzmagiers Anton Szandor L'aVey in San Francisco und die ›Kirche des Jüngsten Gerichts‹ als Kult kalifornischer Satanisten.
82. Journal of Discourses II, S. 31; zitiert in: Seminar zur Vorbereitung auf den Tempel, S. 115.
83. John A. Widtsoe, Evidences and Reconciliations, Bd. 3, S. 114ff.
84. Jerald Tanner, Mormonism – Shadow or Reality, S. 486.
85. Norman McKenzie (Hg.), Geheimgesellschaften, 1969, S. 310.
86. Jerald Tanner, Mormonism – Shadow or Reality, S. 487. Der heutige Schwur lautet: »Ich gelobe auf Maurerwort: Mich der Bruderschaft in unauflöslicher Gemeinschaft zu verbinden; verschwiegen zu sein wie der Tod; an mein vergängliches Leben fortan den Maßstab des Ewigen anzulegen« (Ritualkunde der Großloge A. F. und A. M. v. D., Bauhüttenverlag, Hamburg, 1972, S. 45).
87. Alec Mellor, Logen – Rituale – Hochgrade. Handbuch der Freimaurerei, Graz, Wien und Köln 1967, S. 360f.
88. Cecil McGavin, Mormonism and Masonry, 1956, S. 192ff.
89. Mormon Miscellaneous, Oktober 1975, S. 11ff.

90. Vgl. James Talmage, Die Glaubensartikel, S. 150f.
91. LeGrand Richards, Ein wunderbares und seltsames Werk, S. 130.
92. Charlotte Haven, Brief vom 2. Mai 1843; abgedruckt in: Overland Monthly, Dezember 1890, S. 629f.
93. Talmage, Das Haus des Herrn, S. 89.
94. Ebd., S. 53.
95. Zitiert in: Anderson, Ich war ein Mormone, S. 55.
96. Journal of Discourses VI, S. 163.
97. Priestertums-Genealogiehandbuch, 1970, S. 24ff.
98. John A. Widtsoe, Eine vernunftgemäße Theologie, S. 139.
99. Ebd., S. 139.
100. Melvin Ballard, Drei Grade der Herrlichkeit, S. 16.
101. Talmage, Die Glaubensartikel, S. 153.
102. John Morgan, Der Plan der Erlösung (Traktat), S. 25.
103. Talmage, Die Glaubensartikel, S. 151f.
104. Talmage, Jesus der Christus, 1980, S. 550.
105. Joseph Fielding Smith, Der Weg zur Vollkommenheit, S. 198.
106. Joseph F. Smith, Evangeliumslehre, 1947, S. 672.
107. Ebd., S. 671–677.
108. Vgl. L. Goppelt, Der Erste Petrusbrief, S. 251ff., und Norbert Brox, Der Erste Petrusbrief, S. 170ff.
109. Wolfgang Schrage, Die Katholischen Briefe – NTD 10, S. 104.
110. Vgl. Karl Elliger, ATD 25, S. 216f.
111. Spencer Kimball: Die Bedeutung der celestialen Ehe, in: Der Stern, Juli 1980, S. 7.
112. LeGrand Richards, Ein wunderbares und seltsames Werk, S. 146.
113. Talmage, Das Haus des Herrn, S. 74.
114. Richards, S. 147.
115. Talmage, Das Haus des Herrn, S. 65.
116. Ebd., S. 70.
117. Der Stern, Juli 1980, S. 5.
118. Talmage, Das Haus des Herrn, S. 70f.
119. Vgl. Is There An Answer?, S. 108; Der Stern, Februar 77, S. 6f.; Der Stern, Juni 1984, S. 19f., u. a.